www.wunderkessel.de

Lieblingsrezepte

Band 7

Warum Sie dieses Buch lieben werden

Bewährt, gelingsicher und schmackhaft
Unter diesem Motto haben wir für Sie in unserer Wunderkessel-Buchreihe eine Auswahl beliebter und gelingsicherer Rezepte zusammengestellt.

Praktisch, schnell und gut
Behalten Sie den Überblick!
Der übersichtliche zweispaltige Aufbau der Rezepte ermöglicht es Ihnen, sämtliche Zutaten für die Einkaufsliste auf einen Blick zu erfassen. Durch die direkte Verknüpfung von Zutaten und den dazugehörigen Arbeitsschritten können Sie das jeweilige Rezept systematisch von oben nach unten „abarbeiten".

Ein Rezept – viele Möglichkeiten
Bleiben Sie flexibel!
Die zahlreichen praxistauglichen Anmerkungen, Rezeptvarianten und Serviervorschläge helfen Ihnen, die Rezepte Ihrem ganz persönlichen Geschmack, dem individuellen Anlass und dem Inhalt Ihres Vorratsschrankes anzupassen.
Für jeden Geschmack und jede Gelegenheit ist etwas dabei.

Mehr als nur ein Buch
Unter ***http://www.wunderkessel-kochbuch.de*** finden Sie weitere kostenlose Ergänzungen zu unseren Kochbüchern, wie beispielsweise Zutatenindex, Rezeptfotos, Gesamtinhaltsverzeichnis aller Bände und vieles mehr.

Viel Spaß beim Nachkochen!

Barbara Böing, Melanie Winkler-Vorbeck u. Sacha Vorbeck
Juni 2011

Über uns

Als Betreiber von www.wunderkessel.de bekommen wir täglich viele Anregungen, aus denen immer wieder neue Rezeptideen und eigene Kreationen entstehen.
Unsere Leidenschaft treibt uns dazu an, diese Rezepte so lange zu verbessern, bis sie gut genug sind, um als Lieblingsrezepte in unsere Kochbuchreihe aufgenommen zu werden.
Unsere Kenntnisse und Ansprüche entwickeln sich dabei ständig weiter.
Obwohl im Alltag oft nicht viel Zeit bleibt, soll es nicht nur hervorragend schmecken, sondern auch noch gesund sein und uns glücklich machen.
Wir hoffen, dass Ihnen unsere Rezepte genauso viel Freude bereiten wie uns und freuen uns auf Ihre Rückmeldung.

Wunderkessel.de ist die größte Internetcommunity rund um das Thema Kochen mit Küchenmaschinen, insbesondere mit dem „Wunderkessel"!

Tausende begeisterte Köchinnen und Köche haben in den Austauschforen seit 2001 weit über 20.000 Rezepte zusammengetragen, getestet und kommentiert — und täglich werden es mehr! In angenehmer Atmosphäre tauscht man sich hier aber längst nicht mehr nur über Rezepte aus. Viele Teilnehmer kennen sich mittlerweile von zahlreichen regionalen und überregionalen Treffen schon persönlich. „Wunderkesseln" steckt an.

Wir freuen uns auf Ihren Besuch unter
http://www.wunderkessel.de/

Bleiben Sie auf dem Laufenden!

Wenn Sie auch zukünftig über unsere Neuerscheinungen informiert werden wollen, dann schreiben Sie uns doch einfach eine E-Mail mit dem Betreff „Newsletter" an:

newsletter@wunderkessel.de

Inhaltsverzeichnis

SUPPEN

SALATE

HAUPTGERICHTE

BEILAGEN

OFENGERICHTE UND HERZHAFTES BACKEN / SNACKS

BROT

BRÖTCHEN

BROTAUFSTRICHE

DIPPS UND SAUCEN – KALT

GETRÄNKE MIT ALKOHOL

GETRÄNKE OHNE ALKOHOL

TORTEN, KUCHEN UND GEBÄCK

Tomaten-Kokos-Suppe, exotische

1	**Knoblauchzehe**	in den Mixtopf geben, 5 Sekunden / Stufe 5 zerkleinern und mit dem Spatel nach unten schieben.
6	**Frühlingszwiebeln (in Ringen)**	
15 g	**Öl**	zugeben und 3 Minuten / Dampfgarstufe / Stufe 1 andünsten.
650 g	**Tomaten (passiert)**	
400 ml	**Kokosmilch**	
120 g	**Wasser**	
1 TL	**Gemüsebrühe (instant)**	
30 g	**Orangensaft**	
etw	**Salz**	
etw	**Cayennepfeffer**	
4 Pr	**Kreuzkümmel (gemahlen)**	
3 Pr	**Zucker**	
3 Msp	**Sambal-Oelek**	zufügen, 10 Minuten / 100° / Stufe 2 kochen und anschließend weitere 6 Minuten / 90° / Stufe 2 köcheln lassen.

Rezeptvariante:

- Mit fettreduzierter Kokosmilch (in der Asia-Abteilung des Supermarktes erhältlich) die ideale Suppe für eine schlanke Linie!

Serviervorschlag:

- In Suppenterrinen anrichten und mit etwas Schnittlauch (in Röllchen) garnieren.

Kartoffelsuppe, indische

1	**Knoblauchzehe**	
1	**Zwiebel**	in den Mixtopf geben, 5 Sekunden / Stufe 5 zerkleinern und mit dem Spatel nach unten schieben.
30 g	**Öl**	zufügen und 2 ½ Minuten / Dampfgarstufe / Stufe 1 andünsten.
½ TL	**Kreuzkümmel (gemahlen)**	
1 TL	**Kurkuma**	
175 g	**Linsen (rot)**	einwiegen und 3 Minuten / 90° / Stufe 1 anschwitzen.
4	**Kartoffeln (mittelgroß, geachtelt)**	
1 Do	**Tomaten (400 g, mit Flüssigkeit)**	
200 g	**Kokosmilch**	
700 g	**Wasser**	
2 EL	**Gemüsebrühe (instant)**	
etw	**Chilipulver**	
etw	**Salz**	zugeben und 20 Minuten / 100° / Stufe 2 aufkochen. Anschließend die Suppe 15 Sekunden / Stufe 10 pürieren und mit
1 TL	**Garam Masala**	und
etw	**Salz**	abschmecken.

Anmerkungen:

- Die Suppe ist sehr sämig. Wer es gerne etwas flüssiger mag, verwendet nur 2 kleine Kartoffeln. Während des Garvorgangs kann nach Belieben noch etwas Wasser zugegeben werden.

- Mit ihrem leicht exotischen Touch schmeckt die Suppe nicht nur Fans der indischen Küche.
- Garam Masala ist eine Gewürzmischung, die unter anderem Kreuzkümmel, schwarzen Pfeffer, gemahlene Muskatblüte und Koriander enthält. In der indischen Küche gibt sie insbesondere Fleischgerichten die besondere Grundnote. Sehr lecker schmeckt Garam Masala auch zu Kartoffelgerichten, wie hier in unserer leckeren Kartoffelsuppe.

Blumenkohl-Käse-Suppe

½ Bd	**Petersilie (glatt, ohne Stängel)**	in den Mixtopf geben, 5 Sekunden / Stufe 8 zerkleinern und umfüllen.
2	**Zwiebeln (halbiert)**	in den Mixtopf geben, 5 Sekunden / Stufe 5 zerkleinern und mit dem Spatel nach unten schieben.
1 EL	**Öl**	zufügen und 2 ½ Minuten / Dampfgarstufe / Stufe 1 andünsten.
1 kl	**Blumenkohl (ca. 600 g, in Stücken)**	einfüllen und ca. 3 Sekunden / Stufe 5 grob zerkleinern.
700 g	**Wasser**	
1 ½ EL	**Gemüsebrühe (instant)**	
1 Pr	**Pfeffer**	
2 Pr	**Muskat**	zugeben und alles 15 Minuten / 100° / Stufe 1 kochen.
100 g	**Schmelzkäse**	in die Suppe geben und alles 20 Sekunden / Stufe 10 pürieren (vorsichtig hoch schalten!). Mit
etw	**Salz**	und
etw	**Pfeffer**	abschmecken. Zum Schluss noch die gehackte Petersilie zugeben und 5 Sekunden / Stufe 3 unterrühren.

Anmerkung:

- Kalorienbewusste Genießer verwenden fettreduzierten Schmelzkäse.

Rezeptvarianten:

- Blumenkohl durch Brokkoli oder Zucchini austauschen.
- Für Fleischfans: gebratene Speckwürfel mit in die Suppe geben.
- Wenn Sie es etwas gehaltvoller mögen, kochen Sie einfach ein paar geachtelte Kartoffeln mit.
- Tauschen Sie Schmelzkäse durch Gorgonzola aus. Hier allerdings nur ca. 50 g verwenden, da der Käse sonst zu sehr herauszuschmecken ist.

Serviervorschlag:

- Mit einem Klecks Saurer Sahne, Frischkäse oder Schmand garnieren.

Erbsensuppe, leckere

1	**Zwiebel (dick)**	
10 g	**Sellerie**	in den Mixtopf geben, 5 Sekunden / Stufe 5 zerkleinern und mit dem Spatel nach unten schieben.
200 g	**Kartoffeln (in Würfeln)**	
35 g	**Öl**	einwiegen und 3 Minuten / Dampfgarstufe / Stufe 1 andünsten.
1000 g	**Wasser**	
2 EL	**Gemüsebrühe (instant)**	zufügen und alles 15 Minuten / 100° / Stufe 1 aufkochen.
370 g	**Erbsen (aus der Dose)**	
1-2 TL	**Bohnenkraut**	in die Suppe geben und weitere 5 Minuten / 100° / Stufe 1 mitkochen. Anschließend 20 Sekunden / Stufe 6 pürieren.
190 g	**Erbsen (aus der Dose)**	
150 g	**Crème fraîche**	zugeben, 2 Minuten / 100° / Stufe 1 erhitzen und mit
etw	**Salz**	
etw	**Pfeffer**	und
etw	**Zitronensaft**	abschmecken.

Anmerkung:

- Es werden insgesamt 560 g Erbsen (Abtropfgewicht) benötigt.

Rezeptvariante:

- Wer die Suppe etwas gehaltvoller mag, gibt zum Schluss noch gebratene Wurstscheiben mit zu. Vegetarier können hier auf gebratenen Seitan oder vegetarische Würstchen zurückgreifen.

Rotkohl-Apfel-Salat

1	**Zwiebel**	
100 g	**Möhren (in Stücken)**	
1	**Apfel (geviertelt)**	
300 g	**Rotkohl (in groben Stücken)**	
½ - 1 EL	**Ahornsirup**	
1 EL	**Öl**	
1 - 2 EL	**Balsamico-Essig (hell)**	
1 TL	**Salz**	
etw	**Pfeffer**	in den Mixtopf geben und mit Hilfe des Spatels bei Sichtkontakt ca. 3 Sekunden / Stufe 4 zerkleinern. In eine Schüssel umfüllen und
2 EL	**Sonnenblumenkerne**	unterheben.

Anmerkung:

- Dieser farbenfrohe Salat ist ein Hingucker auf jedem Buffet. Er ist sehr lecker und ganz fix zubereitet.

Rezeptvariante:

- Statt Ahornsirup können Sie auch Honig zugeben.

Raita-Salat

20 g	**Macadamia-Nüsse**	in den Mixtopf geben und 5 Sekunden / Stufe 5 zerkleinern.
1 kl	**Zwiebel**	
90 g	**Radieschen (halbiert)**	
½	**Salatgurke (in Stücken)**	
½	**Apfel (halbiert)**	
½	**Banane (in Stücken)**	
1 EL	**Kokosflocken (getrocknet)**	
1	**Kartoffel (gekocht, geviertelt)**	
1	**Tomate (halbiert)**	zugeben, alles 4 Sekunden / Stufe 5 zerkleinern und umfüllen.
500 g	**Joghurt (natur)**	
½ TL	**Madras Curry**	
½ TL	**Pfeffer (schwarz)**	
1 – 1 ½ TL	**Salz**	
1 TL	**Kreuzkümmel (gemahlen)**	
1 TL	**Koriander (gemahlen)**	
1 – 2 Msp	**Cayennepfeffer**	
2 EL	**Zitronensaft**	in den Mixtopf geben und 10 Sekunden / Stufe 2 verrühren. Den Salat wieder zufügen und alles mit Hilfe des Spatels kurz auf Stufe 2 vermengen.

In eine Schüssel umfüllen und mindestens 30 Minuten im Kühlschrank ziehen lassen.

Anmerkungen:

- Raita-Salat wird in der indischen Küche gerne zu scharfen Gerichten gereicht, da der Joghurt eine mildernde Wirkung hat.
- Dieser Salat ist herrlich exotisch und angenehm erfrischend.

Rezeptvarianten:

- Macadamia-Nüsse durch ungesalzene Cashew-Kerne austauschen.
- Chilipulver anstelle des Cayennepfeffers verwenden und damit die Schärfe nach Geschmack erhöhen.
- Wer mag, kann noch etwas Dill zufügen.

Kartoffelsalat, schwedischer

500 g	**Wasser**	
1 EL	**Gemüsebrühe (instant)**	in den Mixtopf geben. Den Siebeinsatz einhängen,
ca. 800 g	**Kartoffeln (festkochend, in Stücken)**	einfüllen und ca. 25 Minuten / Dampfgarstufe / Stufe 1 garen. Die Kartoffeln anschließend umfüllen und abkühlen lassen. Den Mixtopf säubern.
1 Bd	**Schnittlauch (in kurzen Stücken)**	in den Mixtopf geben und 5 Sekunden / Stufe 5 zerkleinern.
1	**Knoblauchzehe**	
1	**Zwiebel**	zugeben, ebenfalls 5 Sekunden / Stufe 5 zerkleinern und umfüllen. ***Den Rühraufsatz einsetzen!***
500 g	**Quark (Magerstufe)**	einwiegen und 5 Minuten / Stufe 3 cremig rühren. In der Zwischenzeit die Schnittlauch-Zwiebel-Knoblauch-Masse mit den abgekühlten Kartoffeln vermengen.
1 gestr EL	**Salz**	
1 Pr	**Pfeffer (schwarz)**	
1 TL	**Paprikapulver (edelsüß)**	
15 g	**Tafelessig**	
15 g	**Öl**	zugeben, 1 Minute / Stufe 2 unterrühren, über die Kartoffeln geben und vorsichtig unterheben.

Im Kühlschrank ziehen lassen.

Anmerkungen:

- Diesen Kartoffelsalat können Sie ohne Reue genießen.
- Die Garzeit der Kartoffeln richtet sich nach der Kartoffelsorte. Daher bitte eine Garprobe machen!
- Wem das Dressing zu fest ist, der kann noch etwas Öl und/oder Joghurt zugeben.
- Schneiden Sie den Schnittlauch vor dem Zerkleinern unbedingt in kurze Stücke, da dieser sich sonst um das Messer wickelt. Alternativ können Sie auch Tiefkühl-Schnittlauch verwenden. Dieser ist bereits küchenfertig in Röllchen geschnitten. Das Zerkleinern würde dann natürlich entfallen.

Rezeptvarianten:

- Mit Pellkartoffeln zubereitet bekommt dieser Salat eine noch bessere Geschmacksnote.
- Sie brauchen nicht auf Kalorien zu achten? Dann versuchen Sie den Salat doch mal mit Saurer Sahne, Crème fraîche oder einer Kombination aus Mayonnaise, Saurer Sahne und Quark anstelle von „nur“ Quark.

Gemüsebratlinge mit Tofu

1 Stck	**Ingwer (haselnussgroß)**	5 Sekunden / Stufe 5 auf das laufende Messer fallen lassen.
2	**Frühlingszwiebeln (in groben Stücken)**	
2 kl	**Möhren (in Stücken)**	zufügen und 5 Sekunden / Stufe 5 zerkleinern.
2	**Eier**	
1 EL	**Olivenöl**	
1 Msp	**Currypulver**	
1 TL	**Salz**	
300 g	**Tofu (in groben Stücken)**	
40 g	**Dinkelmehl (Type 630)**	zugeben und 15 Sekunden / Stufe 6 verrühren. Gegebenenfalls mit dem Spatel vom Topfrand schaben und kurz nachrühren. Mit feuchten Händen zu Bratlingen formen und anschließend ca. 10 Minuten ruhen lassen. Bei mittlerer Temperatur in der Pfanne mit
etw	**Öl**	goldbraun braten.

Anmerkung:

- Geben Sie den Bratlingen in der Pfanne unbedingt Zeit, sonst fallen sie auseinander.

Rezeptvarianten:

- Zusätzlich ein paar Ringe Lauch mit andünsten.

- Keine Frühlingszwiebeln im Haus? Stattdessen eignen sich auch normale Zwiebeln oder Schalotten.

Serviervorschläge:

- Mit einem knackigen gemischten Salat und z. B. Knoblauch-Kartoffeln servieren. Ein Rezept für Knoblauch-Kartoffeln finden Sie ebenfalls in diesem Band.
- Servieren Sie die Bratlinge mal als Veggie-Burger in einem Hamburgerbrötchen mit Salat, Gurke und Co..

Hähnchen – süß-scharf

Vorbereitung

3	**Knoblauchzehen**	in den Mixtopf geben und 5 Sekunden / Stufe 5 zerkleinern.
1 kl Stck	**Ingwer (walnussgroß)**	5 Sekunden / Stufe 5 auf das laufende Messer fallen lassen. Mit dem Spatel nach unten schieben.
30 g	**Sojasauce (dunkel)**	
30 g	**Sojasauce (süß, Ketjap Manis)**	
15 g	**Speisestärke**	
1 TL	**chinesisches 5-Gewürzepulver (alternativ Chinagewürz)**	zufügen, 5 Sekunden / Stufe 3 zu einer Marinade verrühren und in eine Schüssel umfüllen.
300 g	**Hähnchenbrustfilet**	in mundgerechte Würfel schneiden, in die Marinade geben, gut vermengen und ca. 1 Stunde marinieren lassen. Den Mixtopf säubern.

Zubereitung

1 TL	**Salz**	in den Mixtopf geben und den Siebeinsatz einhängen.
200 g	**Reis (gewaschen)**	in den Siebeinsatz wiegen, anschließend
1000 g	**Wasser**	einfüllen und den Mixtopf schließen.

3	**Spitzpaprika (rot, entkernt, in Stücken)**	
5	**Möhren (in Stücken)**	
1 Do	**Ananasstücke (Abtropfgewicht 260 g, Saft auffangen!)**	in den Garaufsatz geben und vermengen. Das marinierte Fleisch in den Einlegeboden geben und dort gleichmäßig verteilen. (Die restliche Marinade auffangen!) Den Einlegeboden in den Garaufsatz setzen, den Deckel auflegen, auf den Mixtopf setzen und 30 Minuten / Dampfgarstufe / Stufe 2 garen. Nach Ablauf der Garzeit den Garaufsatz geschlossen halten und beiseite stellen. Den Reis ebenfalls warm halten. Den Mixtopf leeren und ***den Rühraufsatz einsetzen!***
ca. 200 g	**Ananassaft**	
ca. 20 g	**Marinade**	
180 g	**Wasser**	
40 g	**Sojasauce (süß, Ketjap Manis)**	
30 g	**Balsamico-Essig (hell)**	
40 g	**Zucker (braun)**	
70 g	**Tomatenmark**	
20 g	**Speisestärke**	
1 TL	**Salz**	
1 TL	**Chiligrundstock**	in den Mixtopf geben und 6 Minuten / 100° / Stufe 2 kochen.

Gemüse und Fleisch zusammen mit dem Reis auf einem Teller anrichten, mit der Sauce begießen und genießen.

Anmerkungen:

- Sofern der Reis laut Packungsangabe eine kürzere Garzeit hat, diesen samt Siebeinsatz erst später in den Mixtopf einhängen.
- Das Rezept für Chiligrundstock finden Sie in unserem Band 6.

Rezeptvariante:

- Chiligrundstock können Sie auch durch etwas Sambal-Oelek ersetzen. Dosieren Sie vorsichtig, denn auch Sambal-Oelek ist sehr scharf.

Rinderfilet-Topf

500 g	**Rinderfilet (in Streifen)**	
20 g	**Öl**	in den Mixtopf geben, 3 Minuten / 100° / Rückwärtsgang / Stufe 2 anbraten, einmal mit dem Spatel umrühren, weitere 2 Minuten / 100° / Rückwärtsgang / Stufe 1 anbraten und umfüllen.
60 g	**Schalotten (in Ringen)**	
10 g	**Öl**	
300 g	**Champignons (frisch, in Scheiben)**	in den Mixtopf geben und 5 Minuten / Rückwärtsgang / Stufe 1 dünsten.
100 g	**Wasser**	
1 TL	**Gemüsebrühe (instant)**	sowie das Fleisch zugeben und alles 5 Minuten / 100° / Rückwärtsgang / Stufe 1 garen.
300 g	**Sahne**	
10 g	**Senf**	
etw	**Salz**	
etw	**Pfeffer**	zugeben und 6 Minuten / 90° / Rückwärtsgang / Stufe 1 unterrühren.

Serviervorschläge:

- Zusammen mit Nudeln oder Reis servieren.
- Mit Frühlingszwiebeln (in Ringen) garnieren.

Hackbällchen-Westerntopf

1	**Knoblauchzehe**	
1	**Zwiebel**	in den Mixtopf geben, 5 Sekunden / Stufe 5 zerkleinern und mit dem Spatel nach unten schieben.
10 g	**Olivenöl**	zugeben und 2 ½ Minuten / Dampfgarstufe / Stufe 1 andünsten.
500 g	**Hackfleisch (Rind)**	
1	**Ei**	
1 TL	**Salz**	
1 TL	**Paprikapulver (edelsüß)**	
1 Pr	**Pfeffer**	
30 g	**Paniermehl**	
15 g	**Tomatenmark**	
1 Msp	**Sambal-Oelek**	zufügen und 2 Minuten / Teigstufe kneten. Aus dem Hackteig ca. 22 walnussgroße Bällchen formen und in den Garaufsatz legen. Hierbei darauf achten, dass nicht alle Löcher bedeckt sind, sodass noch genügend Dampf eintreten kann. Den Mixtopf säubern und trocknen.
1	**Knoblauchzehe**	
2	**Zwiebeln (halbiert)**	in den Mixtopf geben und 5 Sekunden / Stufe 5 zerkleinern.
20 g	**Olivenöl**	zugeben und 3 Minuten / Dampfgarstufe / Stufe 1 andünsten.
500 g	**Wasser**	
1 EL	**Gemüsebrühe (instant)**	
100 g	**Tomatenmark**	
1 Pr	**Salz**	

1 Pr	**Pfeffer**	dazugeben und den Mixtopf verschließen. Den Garaufsatz aufsetzen.
1	**Paprika (rot, in Streifen)**	
1 Do	**Mais (Abtropfgewicht 285 g)**	
1 Do	**Kidney-Bohnen (Abtropfgewicht 250 g)**	in den Einlegeboden geben. Den Einlegeboden in den Garaufsatz setzen, den Deckel auflegen und 30 Minuten / Dampfgarstufe / Stufe 1 garen.

Rezeptvarianten:

- Wer mag, kann Reis oder Kartoffelwürfel im Siebeinsatz mitgaren.
- Verfeinern Sie die Sauce noch mit einem Schuss Sahne.
- Sehr leckere Saucenvariante: 1 Paprika (gelb, in Stücken) zur Sauce geben. Dann sollten Sie allerdings nur 400 g Wasser verwenden.
- Mais, Paprika und Kidney-Bohnen können Sie nach Belieben austauschen, z. B. durch Kichererbsen und Zucchini.
- Etwas tomatiger wird die Sauce, wenn Sie einen Teil Wasser durch passierte Tomaten ersetzen.

Schweineschnitzel, überbackene mit Reis und Sauce

4	**Schweineschnitzel (ca. 700 g)**	halbieren, mit einem Fleischklopfer zart klopfen, mit
etw	**Salz**	
etw	**Pfeffer**	würzen und in
etw	**Öl**	in einer Pfanne bei mittlerer Hitze ca. 3 Minuten von jeder Seite anbraten.
2	**Zwiebeln (halbiert)**	in den Mixtopf geben, 5 Sekunden / Stufe 5 zerkleinern und mit dem Spatel nach unten schieben.
150 g	**Schinkenspeck (gewürfelt)**	zugeben und 3 Minuten / Dampfgarstufe / Stufe 1 andünsten.
100 g	**Schmand**	
1	**Paprika (rot, gewürfelt)**	zufügen und 15 Sekunden / Stufe 1 unterrühren. Den Garaufsatz sowie den Einlegeboden mit Alufolie auslegen. Dabei einen kleinen Rand ziehen, sodass später seitlich kein Saft auslaufen kann. Je 4 Schnitzelhälften auf die Alufolie vom Garaufsatz und Einlegeboden legen und die Zwiebel-Speck-Mischung gleichmäßig darauf verteilen.
Je 1 Sch	**Tomate**	auf jedes Schnitzel legen und mit
je 1 Sch	**Gouda**	bedecken.

		Den Mixtopf säubern.
1500 g	**Wasser**	
3 EL	**Gemüsebrühe (instant)**	in den Mixtopf geben. Den Siebeinsatz einhängen.
250 g	**Reis (gewaschen)**	einwiegen, den Mixtopf schließen, den Garaufsatz samt Einlegeboden aufsetzen, den Deckel auflegen und 30 Minuten / Dampfgarstufe / Stufe 1 garen. Nach Ablauf der Garzeit den Garaufsatz geschlossen halten und beiseite stellen. Den Reis ebenfalls warm halten.
250 g	**Garflüssigkeit**	im Mixtopf behalten.
20 g	**Weizenmehl (Type 405)**	
100 g	**Frischkäse (Kräuter)**	
etw	**Salz**	
etw	**Pfeffer**	zugeben und 3 Minuten / 100° / Stufe 5 kochen. Die Schnitzel zusammen mit dem Reis auf einem Teller anrichten und zusammen mit der Sauce servieren.

Anmerkungen:

- Neben der Alufolie einen kleinen Rand lassen, damit genügend Dampf durchdringen kann.
- Sofern der Reis laut Packungsangabe eine kürzere Garzeit hat, diesen samt Siebeinsatz erst später in den Mixtopf einhängen.

Rezeptvariante:

- Paprika können Sie auch durch 1 kl Zucchini austauschen.

Geflügel mit Erdnuss-Sauce

15 g	**Butter**	
2 EL	**Gemüsebrühe (instant)**	in den Mixtopf geben. Den Siebeinsatz einhängen,
200 g	**Reis (gewaschen)**	einwiegen,
1200 g	**Wasser**	einfüllen und den Mixtopf verschließen.
300 g	**Putenbrust (in Streifen)**	
150 g	**Cashew-Kerne (gesalzen)**	
1	**Paprika (rot, in Streifen)**	
1 St	**Lauch (in Ringen)**	in den Garaufsatz geben und vermengen. Hierbei darauf achten, dass nicht alle Löcher bedeckt sind, damit noch genügend Dampf eindringen kann.
4	**Peperoni**	der Länge nach halbieren, entkernen und darüber legen. Den Garaufsatz aufsetzen, den Deckel auflegen und 30 Minuten / Dampfgarstufe / Stufe 1 garen. Nach Ablauf der Garzeit den Garaufsatz geschlossen halten und beiseite stellen. Den Reis ebenfalls warm halten. Die restliche Garflüssigkeit mit
ca. 300 g	**Wasser**	auf 500 ml auffüllen.
1 TL	**Hühnerbrühe (instant)**	

20 g	**Sojasauce (dunkel)**	
20 g	**Speisestärke**	
etw	**Koriander (gemahlen)**	
100 g	**Erdnusscrème**.....	zugeben und 7 Minuten / 100° / Stufe 3 kochen. Die Peperoni entfernen, das Fleisch in eine Schüssel umfüllen und mit dem Gemüse und der Sauce vermengen. Zusammen mit dem Reis servieren.

Anmerkungen:

- Vorsicht bei der Verarbeitung der Peperoni! Waschen Sie sich danach gründlich die Hände und vermeiden Sie den Kontakt mit Ihren Augen!
- Ein Rezept zur einfachen Herstellung von Erdnusscrème finden Sie in unserem Band 5.
- Sofern der Reis laut Packungsangabe eine kürzere Garzeit hat, diesen samt Siebeinsatz erst später in den Mixtopf einhängen.

Rezeptvariante:

- Zum Andicken der Sauce können Sie anstelle von Speisestärke auch Reismehl verwenden. Sie können dieses einfach selbst herstellen. Ein entsprechendes Rezept finden Sie in unserem Band 1.

Paprikarisotto nach indischer Art

1 Stck	**Ingwer (walnussgroß)**	5 Sekunden / Stufe 5 auf das laufende Messer fallen lassen.
1	**Knoblauchzehe**	
1	**Zwiebel**	
ca. 5 cm	**Peperoni (rot, frisch)**	zufügen, 5 Sekunden / Stufe 5 zerkleinern und mit dem Spatel nach unten schieben.
1 EL	**Ghee**	zugeben und 2 ½ Minuten / Dampfgarstufe / Stufe 1 dünsten.
250 g	**Risottoreis (gewaschen)**	einwiegen und 2 Minuten / Dampfgarstufe / Rückwärtsgang / Rührstufe mitdünsten.
1000 g	**Wasser**	
2 EL	**Gemüsebrühe (instant)**	zufügen und alles 10 Minuten / Dampfgarstufe / Rückwärtsgang / Rührstufe (ohne Messbecher!) aufkochen.
100 g	**Kokosmilch**	
1	**Paprika (rot, in mundgerechten Stücken)**	
1 TL	**Garam Masala**	
1 Msp	**Koriander (gemahlen)**	
1 Msp	**Kreuzkümmel (gemahlen)**	einfüllen und alles 15 Minuten / Dampfgarstufe / Rückwärtsgang / Rührstufe (ohne Messbecher!) mitkochen.

etw	**Salz**	Eventuell mit abschmecken.

Anmerkungen:

- Ghee (geklärte Butter = Butterschmalz) gehört in der indischen Küche zu den wichtigsten Speisefetten. In der traditionellen indischen Ayurveda Heilkunde wird ihm eine gesundheitsfördernde und entzündungshemmende Wirkung zugeschrieben. Indisches Ghee hat einen leicht nussigen Geschmack und ist in Asialäden zu beziehen.
- Zu diesem Gericht passt unser Raita-Salat hervorragend. Das Rezept hierzu finden Sie ebenfalls in diesem Band.
- Wer es nicht so scharf mag, sollte die Peperoni vorher unbedingt entkernen!

Cashew-Reis in Gemüse-Sauce

2 EL	**Gemüsebrühe (instant)**	in den Mixtopf geben und den Siebeinsatz einhängen.
200 g	**Reis (gewaschen)**	
100 g	**Cashewkerne (gesalzen)**	
30 g	**Butter**	einwiegen, mit
1000 g	**Wasser**	auffüllen und den Mixtopf schließen.
½	**Paprika (rot, gewürfelt)**	
½	**Paprika (gelb, gewürfelt)**	
½	**Zucchini (gewürfelt)**	in den Garaufsatz geben.
2	**Zwiebeln (geviertelt)**	
½	**Paprika (rot, in Stücken)**	
½	**Paprika (gelb, in Stücken)**	
½	**Zucchini (in Stücken)**	in den Einlegeboden füllen. Den Einlegeboden in den Garaufsatz setzen, diesen auf den Mixtopf setzen, den Deckel auflegen und 25 Minuten / Dampfgarstufe / Stufe 1 garen.

		Nach Ablauf der Garzeit den Garaufsatz abnehmen und geschlossen halten. Den Reis entnehmen und warm halten. Zur restlichen Garflüssigkeit
30 g	**Reismehl**	
1 TL	**Paprikapulver (scharf)**	
200 g	**Schmand**	
etw	**Salz**	
etw	**Pfeffer**	sowie das Gemüse aus dem Einlegeboden in den Mixtopf geben und 3 Minuten / 100° / Stufe 5 kochen. Den Reis mit dem restlichen Garaufsatzgemüse vermengen und zusammen mit der Sauce servieren.

Anmerkungen:

- Reismehl können Sie einfach selbst herstellen. Ein entsprechendes Rezept finden Sie in unserem Band 1.
- Sofern der Reis laut Packungsangabe eine kürzere Garzeit hat, diesen samt Siebeinsatz erst später in den Mixtopf einhängen.

Rezeptvariante:

- Reismehl können Sie auch durch 20 g Speisestärke ersetzen.

Knoblauch-Kartoffeln

1	**Knoblauchzehe**	
1 Zweig	**Rosmarin**	in den Mixtopf geben und 5 Sekunden / Stufe 5 zerkleinern.
400 g	**Saure Sahne**	
etw	**Salz**	
etw	**Pfeffer**	
etw	**Rosmarin**	
etw	**Muskat**	zugeben, 30 Sekunden / Stufe 5 gut vermengen und umfüllen.
1000 g	**Wasser**	
2 EL	**Gemüsebrühe (instant)**	in den Mixtopf geben. Den Siebeinsatz einhängen und mit
800 g	**Kartoffeln (in Stücken)**	füllen. Den Mixtopf schließen und 25 Minuten / Dampfgarstufe / Stufe 1 kochen. Die heißen Kartoffelstücke in die Knoblauchsauce geben und vorsichtig unterheben. Mit
	Rosmarin	bestreuen und genießen.

Anmerkungen:

- Wer mag, kann die gut gesäuberten Kartoffeln auch mit Schale garen.
- Die Garzeit der Kartoffeln richtet sich nach der Kartoffelsorte. Daher bitte eine Garprobe machen!
- Wenn Ihnen die Sauce zu dick ist, einfach mit etwas Joghurt oder Sahne verdünnen.

Rezeptvarianten:

- Statt Saurer Sahne eignet sich auch Schmand, Joghurt oder Crème fraîche.
- Auch sehr lecker: Einfach einen Teil der Sauren Sahne durch süße Sahne oder Mayonnaise ersetzen.

Serviervorschlag:

- Eine sehr einfache aber köstliche Beilage zu unseren Gemüsebratlingen aus diesem Band oder auch mal als Beilage zum Grillen.

Bohnen-Paprika-Gemüse – süß-sauer, eingekochtes

5–7	**Knoblauchzehen**	
1	**Zwiebel (groß)**	in den Mixtopf geben, 10 Sekunden / Stufe 6 zerkleinern und mit dem Spatel nach unten schieben.
90 g	**Öl**	einwiegen und 3 Minuten / Dampfgarstufe / Stufe 1 anschwitzen.
500 g	**Tomaten (geschält, gewürfelt)**	
500 g	**Paprika (rot, gewürfelt)**	zugeben und 6 Minuten / 100° / Stufe 1 (ohne Messbecher) aufkochen.
500 g	**Bohnen (gekocht)**	
50 g	**Essig**	
1 EL	**Gemüsebrühe (instant)**	zufügen und weitere 8 Minuten / 100° / Stufe 1 (ohne Messbecher, eventuell den Siebeinsatz als Spritzschutz verkehrt herum auf den Deckel setzen) einkochen.

Anmerkungen:

- Das Gemüse kann sowohl warm als auch kalt, z. B. zu kaltem Fleisch, genossen werden.
- Nicht nur als Beilage zu einem Hauptgericht, sondern auch als Mitbringsel zum Grillen sehr lecker.
- Zum Eintunken für ein frisch gebackenes Brot – mhmmm!

- Wir haben weiße Bohnen in Tomatensauce für dieses Rezept verwendet.
- Sehr lecker schmeckt das Gemüse mit roten Ramiro-Paprika.

Rezeptvariante:

- Statt frischer Tomaten können Sie auch geschälte Dosentomaten (inkl. Saft) verwenden. Damit sparen Sie sich auch das Schälen!

Sauerkraut – orangefarbig

1	**Zwiebel**	in den Mixtopf geben, 5 Sekunden / Stufe 5 zerkleinern und mit dem Spatel nach unten schieben.
50 g	**Öl**	
1 TL	**Zucker**	zufügen und 2 Minuten / Dampfgarstufe / Stufe 1 andünsten. Mit
1 EL	**Weizenmehl (Type 405)**	bestäuben und anschließend 1 Minute / 100° / Stufe 2 unterrühren.
1 Do	**Sauerkraut (800 g)**	
125 g	**Weißwein**	
125 g	**Wasser**	
3 EL	**Tomatenmark**	
1 EL	**Paprikapulver (edelsüß)**	
1 TL	**Gemüsebrühe (instant)**	
1 Pr	**Salz**	zugeben und 30 Minuten / 100° / Rückwärtsgang / Stufe 1 aufkochen.
250 g	**Joghurt (natur)**	einwiegen und 1 ½ Minuten / Rückwärtsgang / Stufe 1 untermischen.

Anmerkung:

- Sehr lecker zusammen mit unserem Kartoffelpüree aus Band 1!

Pumpernickel-Frischkäse-Kugeln

250 g	**Pumpernickel (in Stücken)**	in den Mixtopf geben, 20 Sekunden / Stufe 5 zerkleinern und auf einen Teller geben. Den Mixtopf nicht säubern!
1	**Knoblauchzehe**	
1 Bd	**Schnittlauch (in Röllchen)**	in den Mixtopf geben und 5 Sekunden / Stufe 5 zerkleinern.
250 g	**Pumpernickel (in Stücken)**	zufügen und 15 Sekunden / Stufe 6 zerkleinern.
1 Spr	**Zitronensaft**	
etw	**Kräutersalz**	
etw	**Pfeffer**	
200 g	**Frischkäse (Kräuter)**	einwiegen und 30 Sekunden / Stufe 4 verrühren. Mit einem Teelöffel von der Masse kleine Kugeln „abstechen“ und in den Pumpernickelbröseln wälzen, sodass sie rundum bedeckt sind.

Serviervorschlag:

- Einen großen Teller mit Salatblättern auslegen. Die Kugeln darauf geben und mit Cocktailtomaten, Radieschen, Trauben o. ä. garnieren.

Käsegebäck, holländisches

250 g	**Emmentaler (in Stücken)**	
250 g	**Parmesan (in Stücken)**	in den Mixtopf geben und ca. 30 Sekunden / Stufe 8 zerkleinern. Mit dem Spatel etwas auflockern.
500 g	**Weizenmehl (Type 405)**	
400 g	**Butter (Zimmertemperatur, in Stücken)**	
3	**Eigelb**	
etw	**Salz**	
etw	**Pfeffer**	
etw	**Paprikapulver (edelsüß)**	zugeben und 3 Minuten / Teigstufe (eventuell mit Hilfe des Spatels) zu einem Teig verarbeiten. Den Teig in eine Schüssel umfüllen und mehrere Stunden (am besten über Nacht) gut kühlen, z. B. im Kühlschrank. Den Backofen auf 180° Ober-/Unterhitze vorheizen. Anschließend den Teig portionsweise ausrollen, in Streifen schneiden oder auch mit Ausstechförmchen ausstechen und auf ein mit Backpapier ausgelegtes Backblech legen. Bei 180° im vorgeheizten Backofen ca. 15 Minuten goldbraun backen. Das fertige Gebäck auf einem Gitter auskühlen lassen und in Dosen packen.

Anmerkungen:

- Wieder mal ein tolles, leicht vorzubereitendes Rezept!
- Dieser Snack sollte auf keiner Party und keinem Buffet fehlen.
- Die Teigmenge reicht für 3 Backbleche.

Tortellini-Torte mit Teiggitter

Vorbereitung

500 g	**Tortellini (trocken)**	in
reichlich	**Wasser**	mit
2 EL	**Gemüsebrühe (instant)**	gar kochen und anschließend in einem Sieb gut abtropfen lassen. In der Zwischenzeit

Sauce

2	**Knoblauchzehen**	
1	**Zwiebel**	in den Mixtopf geben, 5 Sekunden / Stufe 5 zerkleinern und mit dem Spatel nach unten schieben.
10 g	**Öl**	
150 g	**Schinkenwürfel**	
300 g	**Champignons (frisch, geviertelt)**	zugeben, alles 10 Minuten / Dampfgarstufe / Stufe 2 andünsten, umfüllen und abkühlen lassen Den Mixtopf säubern.
400 g	**Schmand**	
35 g	**Speisestärke**	
200 g	**Frischkäse (natur)**	in den Mixtopf geben und 10 Sekunden / Stufe 4 vermischen. Die abgekühlte Zwiebel-Schinken-Pilzmasse zugeben, 5 Sekunden / Stufe 4 unterrühren und umfüllen. Den Mixtopf säubern.

Teig

400 g	**Weizenmehl (Type 405)**	
1 Pck	**Backpulver**	
1	**Ei**	
250 g	**Quark (Magerstufe)**	
60 g	**Öl**	
30 g	**Milch**	
1 ½ TL	**Salz**	in den Mixtopf geben und 3 Minuten / Teigstufe vermengen.

Fertigstellung

Den Backofen auf 200° Ober-/Unterhitze vorheizen.
Die Hälfte des Teiges ausrollen, in eine mit Backpapier ausgelegte Springform geben und dabei einen kleinen Rand hoch ziehen.
Die Tortellini gleichmäßig auf dem Teig verteilen und mit der Sauce übergießen.
Aus dem restlichen Teig ein Teiggitter herstellen und die Torte damit abdecken.
Bei 200° im vorgeheizten Backofen ca. 30 Minuten backen.

Anmerkungen:

- Wie Sie selbst Backpulver ohne „fieses Zungenkribbeln“ herstellen können, haben wir im Bereich „Service“ unseres Shops unter www.wunderkessel-kochbuch.de für Sie in einer entsprechenden Anleitung eingestellt.
- Zur einfachen Herstellung von Teiggittern gibt es in Fachgeschäften gute Backhilfen. Alternativ können Sie den Teig auch ausrollen, in feine Streifen schneiden und diese wie ein Gitter über die Torte legen.

Brokkolikranz mit Brokkolicrème

Brokkolikranz

		Den Backofen auf 200° Ober-/Unterhitze vorheizen.
2	**Knoblauchzehen**	
2	**Zwiebeln (halbiert)**	in den Mixtopf geben und 5 Sekunden / Stufe 5 zerkleinern.
½ Bd	**Petersilie (ohne Stängel)**	
etw	**Salz**	
etw	**Pfeffer**	
2	**Möhren (in Stücken)**	
500 g	**Brokkoli (Röschen)**	zufügen und 10 Sekunden / Stufe 4 zerkleinern. ¼ des Mixtopfinhalts (ca. 200 g) umfüllen und beiseite stellen.
1	**Mozzarella (in Stücken)**	
150 g	**Feta (in Stücken)**	zugeben und 10 Sekunden / Stufe 4 unterrühren.
2 Pck	**Croissantteig (zum Aufbacken, aus dem Kühlregal)**	sternförmig rund auslegen. Dabei die langen Spitzen nach außen zeigen und die einzelnen Teigstücke etwas übereinander lappen lassen. Die Gemüsemasse aus dem Mixtopf gleichmäßig auf dem Ring verteilen.

Die Spitzen nun von außen nach innen über das Gemüse schlagen, sodass ein Kranz entsteht.
Bei 200° im vorgeheizten Backofen ca. 20 Minuten backen.

Brokkolicrème

400 g	**Frischkäse (natur)**	
500 g	**Quark (Magerstufe)**	sowie die zurückgehaltene Brokkolimasse in den Mixtopf geben und 20 Sekunden / Stufe 5 vermischen.

Anmerkung:

- Sofern Sie einen Backstein haben, sollten Sie diesen leckeren Kranz unbedingt darauf abbacken. Er wird herrlich kross. Bezugsquellen für Brotbacksteine erhalten Sie auf unserer Homepage oder unter info@wunderkessel.de!

Serviervorschlag:

- Richten Sie den Kranz auf einer runden Platte an und stellen Sie die Crème in einem Schälchen in die Mitte des Kranzes.

Lasagne – Bella Barbara

Geriebener Käse

200 g	**Gouda (in Stücken)**	in den Mixtopf geben, 7 Sekunden / Stufe 5 zerkleinern und umfüllen.

Hackfleischsauce

1 kg	**Hackfleisch (halb / halb)**	
etw	**Öl**	
etw	**Hackfleischgewürz**	
etw	**Salz**	
etw	**Pfeffer**	in eine große Pfanne geben und krümelig anbraten. In der Zwischenzeit
3	**Knoblauchzehen**	in den Mixtopf geben und 5 Sekunden / Stufe 5 zerkleinern.
1 Bd	**Suppengrün (1 Möhre, 1 Stck Sellerie, etw Petersilie, ohne Stängel, 1 St Lauch, in Stücken)**	
2	**Gemüsezwiebeln (geviertelt)**	zugeben und weitere 5 Sekunden / Stufe 5 zerkleinern.
1 Do	**Tomaten (geschält, 400 g, inkl. Saft)**	
500 g	**Rotwein**	einfüllen, 10 Sekunden / Stufe 6 unterrühren, zum Hackfleisch in die Pfanne geben, unterrühren und einige Zeit kochen lassen.

Schichten

		In einer großen Auflaufform abwechselnd die Hackfleischsauce mit
1 Pck	**Lasagneplatten (trocken)**	schichten. Als oberste Schicht mit einer Lage Lasagneplatten enden.

Béchamelsauce

80 g	**Butter**	in den gesäuberten Mixtopf geben und 2 ½ Minuten / 100° / Stufe 1 schmelzen.
80 g	**Weizenmehl (Type 405)**	einwiegen und 3 Minuten / 100° / Stufe 1 anschwitzen.
1 l	**Milch**	
1 TL	**Salz**	
etw	**Pfeffer (weiß)**	
etw	**Muskat**	zugeben und 9 Minuten / 90° / Stufe 4 aufkochen.

Fertigstellung

Den Backofen auf 200° Ober-/Unterhitze vorheizen.
Die Béchamelsauce gleichmäßig über die letzte Schicht Lasagneplatten verteilen und alles mit dem geriebenen Käse bestreuen.
Bei 200° im vorgeheizten Backofen ca. 30 Minuten backen.

Rezeptvariante:

- Sollten Sie eine Nudelmaschine haben, dann probieren Sie diese leckere Lasagne einmal mit selbst hergestellten, frischen Lasagneplatten. Ein Traum!

- Sofern Kinder mitessen, können Sie den Rotwein durch 100 g Traubensaft (rot) ersetzen. Geben Sie dann allerdings noch eine weitere Dose geschälte Tomaten mit in die Sauce.

Blätterteig mit Lachs-Gemüse-Füllung

		Den Backofen auf 180° Ober-/Unterhitze vorheizen.
1	**Paprika (rot, in Stücken)**	in den Mixtopf geben und 5 Sekunden / Stufe 4 zerkleinern.
4	**Frühlingszwiebeln (in Ringen)**	
100 g	**Räucherlachs (in Streifen)**	
125 g	**Crème fraîche (Kräuter)**	
etw	**Salz**	
etw	**Pfeffer**	zufügen und alles 5 Sekunden / Stufe 3 vermischen. Die Masse gleichmäßig auf
10 Sch	**Blätterteig (quadratisch, insgesamt 450 g)**	verteilen, dabei die Ränder frei lassen. Die Ränder mit
1	**Eiweiß**	bestreichen, den Blätterteig zu Taschen zusammenklappen, die Ränder mit einer Gabel gut andrücken und auf ein mit Backpapier ausgelegtes Backblech legen.
1	**Eigelb**	
1 EL	**Wasser**	in einer Tasse miteinander verquirlen und die Taschen damit bestreichen. Bei 180° im vorgeheizten Backofen ca. 20 Minuten goldbraun backen.

Enchilada verdura

Vorbereitung

200 g	**Käse (in Stücken)**	in den Mixtopf geben, 7 Sekunden / Stufe 5 zerkleinern und umfüllen.

Gemüsemischung

1 kl	**Zucchini (in Stücken)**	
1	**Paprika (rot, in Stücken)**	
1	**Paprika (gelb, in Stücken)**	
1 kl	**Aubergine (in Stücken)**	in den Mixtopf geben und 10 Sekunden / Stufe 4 zerkleinern.
20 g	**Öl**	
etw	**Salz**	
etw	**Pfeffer**	zugeben und 10 Minuten / Dampfgarstufe / Rückwärtsgang / Stufe 2 andünsten.
1 Do	**Mais (abgetropft)**	
1 Do	**Kidneybohnen (abgetropft)**	
1	**Tomate (gewürfelt)**	zufügen, 30 Sekunden / Rückwärtsgang / Stufe 3 unterrühren und umfüllen.

Tomatensauce

1 Do	**Tomaten**	

	(geschält, inkl. Saft)	
etw	**Salz**	
etw	**Pfeffer**	
etw	**Chilipulver**	in den Mixtopf geben, 5 Sekunden / Stufe 5 zerkleinern und anschließend 3 ½ Minuten / 100° / Stufe 2 aufkochen.

Fertigstellung

		Den Backofen auf 200° Ober-/Unterhitze vorheizen.
8	**Weizentortillas**...	mit je 3 EL Gemüsemischung,
je 1 EL	**Crème fraîche**.....	und je 1 EL Tomatensauce füllen, aufrollen und nebeneinander in eine Auflaufform legen. Die restliche Gemüsemischung darauf verteilen.
½ Be	**Crème fraîche**.....	sowie die restliche Tomatensauce darüber streichen und mit dem zerkleinerten Käse bestreuen. Bei 200° im vorgeheizten Backofen ca. 20 Minuten backen.

Anmerkung:

- Es werden insgesamt ca. 2 Becher Crème fraîche benötigt.

Tomaten-Mozzarella-Muffins

		Den Backofen auf 180° Umluft vorheizen.
1 Pck	**Blätterteigscheiben (tiefgekühlt, rechteckig, 6 Stück, 450 g)**	auftauen lassen.
1 EL	**Weizenmehl (Type 405)**	
2	**Eier**	in den Mixtopf geben und 2 Minuten / Stufe 3 verrühren.
3	**Tomaten (geviertelt)**	
2 Kugeln	**Mozzarella (in Stücken)**	
etw	**Basilikum (frisch)**	
etw	**Salz**	
etw	**Pfeffer**	zufügen und 30 Sekunden / Stufe 6 zerkleinern.

Die Blätterteigscheiben halbieren und so in Muffinförmchen legen, dass die Ecken oben herausragen. Die übrigen Seiten so hoch ziehen, dass sie auf jeden Fall bis zum Rand reichen.

Nun die Füllung hineingeben und die Ecken nach innen klappen.

Bei 180° im vorgeheizten Backofen ca. 30 Minuten backen.

Anschließend noch 5 Minuten in der Form auskühlen lassen und warm servieren.

Anmerkung:

- Wenn Sie frischen Blätterteig aus der Kühlung verwenden möchten, dann müssen Sie diesen noch auf die passende Größe wie o.a. zurechtschneiden!

Fladenbrötchen, überbackene

Vorbereitung

100 g	**Käse (in Stücken)**	in den Mixtopf geben, 5 Sekunden / Stufe 5 zerkleinern und umfüllen.

Teig

200 g	**Wasser (lauwarm)**	
20 g	**Hefe**	
50 g	**Olivenöl**	
1 TL	**Salz**	in den Mixtopf geben und 15 Sekunden / Stufe 4 vermischen.
400 g	**Weizenmehl (Type 405)**	zugeben und 1 Minute / Teigstufe kneten. Den Teig in eine Schüssel umfüllen und 30 Minuten gehen lassen. Den Mixtopf säubern.

Tomatensauce

1	**Zwiebel**	in den Mixtopf geben, 5 Sekunden / Stufe 5 zerkleinern und mit dem Spatel nach unten schieben.
1 EL	**Öl**	
30 g	**Tomatenmark**	zugeben und 2 Minuten / 100° / Stufe 2 anschwitzen.
1 Do	**Tomaten (400 g)**	
etw	**Salz**	
etw	**Pfeffer**	
1 Pr	**Zucker**	zugeben und alles 5 Minuten / 90° / Stufe 4 aufkochen, umfüllen und abkühlen lassen.

Fertigstellung

Aus dem Teig ca. 20 Brötchen formen, flach drücken und auf ein mit Backpapier ausgelegtes Backblech legen.
Über jedes Fladenbrötchen etwas Tomatensauce geben und anschließend mit dem zerkleinerten Käse bestreuen.
In den kalten Backofen geben, den Backofen auf 220° Ober-/Unterhitze stellen und ca. 40 Minuten backen.

Anmerkung:

- Die Brötchen schmecken sowohl warm als auch kalt.

Serviervorschlag:

- Zusammen mit etwas Tsatsiki serviert einfach nur köstlich. In unserem Band 2 finden Sie ein leckeres Tsatsiki-Rezept.

Hackbällchen, gefüllte mit Blumenkohl-Käse-Haube

100 g	**Käse (in Stücken)**	in den Mixtopf geben, 5 Sekunden / Stufe 5 zerkleinern und umfüllen.
2	**Brötchen (vom Vortag, nicht ganz hart)**	in dünne Scheiben schneiden und in eine Schüssel mit Deckel legen.
250 g	**Milch**	in den Mixtopf geben und 5 Minuten / 70° / Stufe 2 erwärmen. Zunächst 200 g davon über die Brötchenscheiben gießen, einige Minuten stehen lassen und anschließend mit einem Löffel zerkleinern. Sollten danach noch harte Bröckchen vorhanden sein, die restliche warme Milch zugeben. (Eventuelle Milchreste wegschütten.) Den Mixtopf säubern.
200 g	**Zwiebeln (halbiert)**	in den Mixtopf geben, 5 Sekunden / Stufe 5 zerkleinern und mit dem Spatel nach unten schieben.
2 EL	**Petersilie (getrocknet)**	
1 EL	**Öl**	zugeben und 3 Minuten / Dampfgarstufe / Stufe 1 dünsten.
500 g	**Hackfleisch (halb/halb)**	in eine Schüssel geben, die eingeweichten, eventuell leicht abgetropften, zerkleinerten Brötchenscheiben sowie die Zwiebelmasse zugeben und mit der Hand vermengen.

		Den Backofen auf 180° Umluft vorheizen. Den Mixtopf säubern.
2	**Knoblauchzehen**	in den Mixtopf geben und 5 Sekunden / Stufe 5 zerkleinern.
2	**Eier**	
60 g	**Paniermehl**	
1 ½ EL	**Salz**	
1 EL	**Pfeffer**	
1 EL	**Gemüsebrühe (instant)**	
etw	**Koriander**	
1 ½ EL	**Paprikapulver (edelsüß)**	
1 TL	**Oregano**	
1 TL	**Basilikum (getrocknet)**	
1 TL	**Liebstöckel**	sowie die Hackfleisch-Brötchen-Mischung zugeben und 2 Minuten / Teigstufe vermengen. Aus der Hackfleischmasse 30 Bällchen formen.
200 g	**Feta**	4-mal längs und 5-mal quer in 30 Würfel schneiden und in je ein Hackfleischbällchen drücken. Die Bällchen in eine gefettete Auflaufform legen. Den Mixtopf säubern.
200 g	**Wasser**	
2 EL	**Gemüsebrühe (instant)**	
350 g	**Milch**	
45 g	**Weizenmehl (Type 405)**	
10 g	**Tomatenmark**	
3 EL	**Crème fraîche**	
½ TL	**Zuckercouleur**	
1 TL	**Paprikapulver (edelsüß)**	

1 ½ TL	**Balsamico-Essig (dunkel)**	
1 TL	**Salz**	
1 TL	**Pfeffer**	
1 TL	**Cayennepfeffer**	in den Mixtopf geben, 7 Minuten / 100° / Stufe 2 aufkochen, über die Hackbällchen gießen, mit ca. 1/3 des geriebenen Käses bestreuen und bei 180° im vorgeheizten Backofen 20 Minuten überbacken. Den Mixtopf säubern. In der Zwischenzeit
1	**Blumenkohl (ca. 600 g)**	in kleine Röschen schneiden, waschen und in den Garaufsatz legen.
1000 g	**Wasser**	in den Mixtopf geben, diesen schließen, den Garaufsatz aufsetzen, den Deckel auflegen und 20 Minuten / Dampfgarstufe / Stufe 2 garen. Den Garaufsatz anschließend abnehmen und die Blumenkohl-Röschen mit
etw	**Salz**	würzen.
2 – 3 Flocken	**Butter**	darüber verteilen. Die Röschen über die Hackbällchen geben, mit dem restlichen geriebenen Käse bestreuen und weitere 20 Minuten bei 180° im Backofen überbacken.

Rezeptvarianten:

- Zuckercouleur können Sie durch Sojasauce (dunkel) austauschen. Es dient hauptsächlich zur dunklen Färbung der Sauce.
- Während der Blumenkohl im Garaufsatz gart, können Sie nach Belieben noch Reis oder Kartoffeln direkt im Siebeinsatz im Mixtopf mitgaren.

Weißbierwecken

0,5 l	**Weizenbier (hell)**	
½ Wü	**Hefe**	
10 g	**Salz**	
700 g	**Weizenmehl (Type 1050)**	
300 g	**Weizen-Vollkornmehl**	
100 g	**Wasser**	in den Mixtopf geben und 3 ½ Minuten / Teigstufe kneten.

Den Teig im Mixtopf 30 Minuten gehen lassen und anschließend nochmals 1 Minute / Teigstufe kneten.

Den Teig entnehmen, zwei Brotlaibe formen, in zwei gut gemehlte Gärkörbchen legen, abdecken und ca. 1 Stunde gehen lassen, bis sich das Volumen in etwa verdoppelt hat.

Bei 230° Ober-/Unterhitze im vorgeheizten Backofen zunächst 15 Minuten backen. Dann die Backtemperatur auf 180° reduzieren und weitere ca. 40 Minuten fertig backen.

Anmerkung:

- Für ein besonders knuspriges Ergebnis stellen Sie während des Backvorgangs ein Schälchen mit Wasser auf den Backofenboden.

Früchte-Nuss-Brot

		Den Backofen auf 175° Ober-/Unterhitze vorheizen.
150 g	**Walnüsse**	in den Mixtopf geben, 3 Sekunden / Stufe 4 zerkleinern und umfüllen.
150 g	**Pflaumen (getrocknet, entsteint)**	
100 g	**Aprikosen (getrocknet, ungeschwefelt)**	zugeben und 10 Sekunden / Stufe 5 zerkleinern.
300 g	**Weizenmehl (Type 405)**	
200 g	**Milch**	
1 Pck	**Backpulver**	
1	**Ei**	
½ TL	**Salz**	sowie die zerkleinerten Walnüsse zufügen und 2 Minuten / Teigstufe kneten. Den Teig in eine mit Backpapier ausgelegte Kastenform füllen und glatt streichen. Im vorgeheizten Backofen bei 175° ca. 50 – 60 Minuten backen.

Anmerkungen:

- Wie Sie selbst Backpulver ohne „fieses Zungenkribbeln“ herstellen können, haben wir im Bereich „Service“ unseres Shops unter www.wunderkessel-kochbuch.de für Sie in einer entsprechenden Anleitung eingestellt.
- Der Teig ist sehr klebrig und sollte am besten mit einem nassen Spatel entnommen und glatt gestrichen werden.
- Unbedingt Backpapier zum Auslegen der Backform verwenden, da sich das Brot sonst sehr schwer lösen lässt.

Rezeptvariante:

- Pflaumen durch Rosinen austauschen, diese dann aber nicht zerkleinern.

Serviervorschlag:

- Mit Butter servieren. Köstlich!

Zwiebelbrot, herzhaftes

320 g	**Wasser**	
1 Wü	**Hefe**	
1 TL	**Zucker**	
200 g	**Schmelzkäse (Kräuter)**	
780 g	**Weizenmehl (Type 405)**	
1 TL	**Salz**	in den Mixtopf geben, 3 Minuten / Teigstufe kneten und umfüllen. Den Mixtopf säubern.
400 g	**Zwiebeln (in Ringen)**	
100 g	**Butter (Zimmertemperatur, in Stücken)**	
20 g	**Speisestärke**	
1 TL	**Salz**	
1 Pr	**Pfeffer**	
etw	**Kümmel (gemahlen)**	in den Mixtopf geben und 10 Minuten / Dampfgarstufe / Rückwärtsgang / Stufe 2 dünsten. Den Teig zu einem Rechteck von ca. 30x50 cm Größe ausrollen, die Zwiebelmasse darauf verteilen und von der kurzen Seite her fest aufrollen. Die Rolle der Länge nach mit einem sehr scharfen Messer durchschneiden und die beiden Hälften mit der offenen Schnittseite nach oben in zwei gefettete oder mit Backpapier ausgelegte 30er Kastenformen legen.

Zunächst im auf 50° Ober-/Unterhitze vorgeheizten Backofen 30 Minuten gehen lassen.
Anschließend die Backtemperatur auf 200° hoch schalten und ca. 35 Minuten fertig backen.

Anmerkung:

- Das Brot bleibt sehr lange frisch.

Rezeptvarianten:

- Wer es noch etwas herzhafter mag, dünstet 100 g Schinkenwürfel zusammen mit den Zwiebeln an.
- Das Brot kann zum Backen auch in Backpapier eingeschlagen werden.
- Ersetzen Sie den Schmelzkäse durch die gleiche Menge Kräuterfrischkäse.

Kartoffelbrot, leckeres

250 g	**Kartoffeln (gekocht)**	in den Mixtopf geben und 5 Sekunden / Stufe 5 zerkleinern.
½ Wü	**Hefe**	
125 g	**Milch**	
125 g	**Wasser**	zugeben und 1 ½ Minuten / 37° / Stufe 1 erwärmen.
200 g	**Roggenmehl (Type 1150)**	
300 g	**Weizenmehl (Type 550)**	
2 TL	**Salz**	
1 EL	**Essig**	
1 TL	**Honig**	zufügen und alles 3 Minuten / Teigstufe verkneten.

Den Teig im Mixtopf mindestens 30 Minuten gehen lassen.

Den Backofen auf 250° Ober-/Unterhitze vorheizen.

Den Teig nochmals 30 Sekunden / Teigstufe kneten, auf einer bemehlten Arbeitsfläche zu einem Laib formen und kreuzweise einschneiden.

Bei 250° im vorgeheizten Backofen zunächst 5 Minuten backen, dann die Backtemperatur auf 200° reduzieren und das Brot weitere ca. 40 Minuten fertig backen.

Anmerkungen:

- Wieder mal ein leckeres, saftiges Brot.
- Ideal zur Resteverwertung von Kartoffeln.

Rezeptvarianten:

- Anstelle der Kartoffeln kann die gleiche Menge Kartoffelpüree verwendet werden. Das Zerkleinern entfällt dann natürlich.
- Herbstliche Variante: Die Kartoffeln durch 200 g Maronen (gekocht) austauschen. Dann jedoch die Milch- und Wassermenge auf jeweils 150 g erhöhen.
- Die Mehlsorten können Sie beliebig austauschen. Gegebenenfalls müssen Sie dann noch Flüssigkeit zugeben oder bei einem zu weichen Teig noch nachmehlen.

Mandel-Kerne-Brot, saftiges

250 g	**Dinkel**	in den Mixtopf geben, 1 Minute / Stufe 10 mahlen und umfüllen. Weitere
250 g	**Dinkel**	in den Mixtopf geben, 1 Minute / Stufe 10 mahlen und ebenfalls umfüllen.
100 g	**Mandeln**	in den Mixtopf wiegen und 3 Sekunden / Stufe 7 zerkleinern.
50 g	**Kürbiskerne**	
50 g	**Sonnenblumenkerne**	
1 Wü	**Hefe**	
2 TL	**Salz**	
2 EL	**Balsamico-Essig (dunkel)**	
450 g	**Wasser (lauwarm)**	sowie den gemahlenen Dinkel zugeben und 3 Minuten / Teigstufe kneten. Den Teig entnehmen und in eine gut gefettete oder mit Backpapier ausgelegte Kastenform füllen. In den kalten Backofen geben, den Backofen auf 200° Ober-/Unterhitze stellen und ca. 60 Minuten backen.

Rezeptvarianten:

- Sie können auch eine Körnermischung ganz nach Geschmack verwenden.
- Wenn Sie das Brot etwas gröber mögen, dann mahlen Sie direkt 500 g Dinkel auf einmal 1 ½ Minuten / Stufe 10.

Kartoffelbrot mit Kefir

500 g	**Kefir**	
½ Wü	**Hefe**	
120 g	**Kartoffeln (gekocht, in Stücken)**	
400 g	**Weizenmehl (Type 405)**	
200 g	**Dinkelmehl (Type 630)**	
200 g	**Weizen-Vollkornmehl**	
100 g	**Roggen-Vollkornmehl**	
25 g	**Salz**	
1 TL	**Brotgewürz**.........	in den Mixtopf geben, 3 Minuten / Teigstufe kneten und 30 Minuten im Mixtopf gehen lassen. Anschließend nochmals 1 Minute / Teigstufe kneten, den Teig entnehmen, zu einem Laib formen und im Gärkörbchen abgedeckt 60 Minuten gehen lassen. Bei 230° Ober-/Unterhitze im vorgeheizten Backofen zunächst 20 Minuten backen. Dann die Backtemperatur auf 180° reduzieren und weitere 45 Minuten fertig backen.

Anmerkung:

- Für ein besonders knuspriges Ergebnis stellen Sie während des Backvorgangs ein Schälchen mit Wasser auf den Backofenboden.

Quark-Hefe-Brötchen, süße, weiche

1 Wü	**Hefe**	
125 g	**Milch**	in den Mixtopf geben und 2 Minuten / 37° / Stufe 2 auflösen.
100 g	**Butter (Zimmertemperatur)**	
100 g	**Zucker**	
4 TL	**Vanillezucker (selbst hergestellt)**	
125 g	**Quark (Vollfettstufe, 45%)**	
1	**Ei**	zufügen und 1 Minute / Stufe 4 unterrühren.
500 g	**Weizenmehl (Type 405 oder Type 550)**	einwiegen und 3 Minuten / Teigstufe verkneten. Den Teig im Mixtopf belassen, mit einem Tuch abdecken (Deckel abnehmen!) und ca. 30 Minuten gehen lassen. Anschließend zu Brötchen formen (eventuell noch etwas nachmehlen) und auf 2 mit Backpapier ausgelegte Backbleche setzen. Dabei genügend Platz zwischen den Teiglingen lassen, da diese noch weiter aufgehen. Den Backofen auf 175° Ober-/ Unterhitze vorheizen.
3 EL	**Milch**	
4 TL	**Vanillezucker (selbst hergestellt)**	
150 g	**Hagelzucker**	in einer Tasse gut verrühren und die Brötchen damit bepinseln.

Weitere 15 Minuten gehen lassen und anschließend bei 175° im vorgeheizten Backofen ca. 20 Minuten goldbraun backen.

Anmerkungen:

- Vanillezucker können Sie einfach selbst herstellen. Ein Rezept finden Sie in unserem Band 1. Alternativ entsprechen 2 TL selbst hergestellter Vanillezucker 1 Pck Fertigprodukt.
- Die Brötchen schmecken sowohl mit süßem Belag als auch mit Käse oder Wurst.
- Wer es nicht ganz so süß mag, kann die Brötchen auch einfach nur mit Milch einpinseln.

Brötchen, leckere

200 g	**Wasser**	
½ Wü	**Hefe**	in den Mixtopf geben und 2 Minuten / 37° / Stufe 1 auflösen.
320 g	**Weizenmehl (Type 550)**	
½ EL	**Zucker**	
½ EL	**Salz**	zugeben, alles 1 ½ Minuten / Teigstufe verkneten und in eine Schüssel umfüllen. Den Teig mindestens 1 Stunde abgedeckt gehen lassen. Anschließend auf einer leicht bemehlten Unterlage zu einem Rechteck ausrollen und dieses von der langen Seite her wieder aufrollen. Mit einer Teigkarte 8 Teigstücke „abstechen". Jedes Teigstück erneut dünn ausrollen, danach wieder fest aufrollen und mit der Teigkante nach unten auf ein mit Backpapier ausgelegtes Backblech legen. Die Brötchen-Rohlinge mit einem scharfen Messer schräg einschneiden. Den Backofen auf 210° Ober-/Unterhitze vorheizen. Währenddessen die Brötchen ca. 10 Minuten gehen lassen. Bei 210° im vorgeheizten Backofen auf mittlerer Schiene ca. 20 Minuten goldbraun backen.

Anmerkungen:

- Die Brötchen sind super schnell vorbereitet und schön knusprig. Sie schmecken sowohl mit herzhaftem als auch mit süßem Aufstrich.
- Durch das Aufrollen der Teiglinge entsteht eine besondere Teigstruktur, die die Brötchen besonders „fluffig“ werden lässt.

Rezeptvarianten:

- Keine frische Hefe im Haus? Kein Problem! Verwenden Sie stattdessen 1 Pck Trockenhefe. (Wussten Sie übrigens, dass man Frischhefe auch wunderbar einfrieren kann?)
- Aufrollvariante: Die Brötchen wie oben angegeben rollen und anschließend mit der Hand leicht flach drücken. Dann ein weiteres Mal von der kurzen Seite her aufrollen. Optisch ein sehr netter Effekt!

Knoblauch-Brötchen

2	**Knoblauchzehen**	in den Mixtopf geben und 3 Sekunden / Stufe 5 zerkleinern.
600 g	**Weizenmehl (Type 405)**	
350 g	**Wasser (lauwarm)**	
1 Wü	**Hefe**	
1 TL	**Salz**	
etw	**Gemüsebrühe (instant)**	
½ TL	**Zucker**	
½ TL	**Pfeffer**	
2 TL	**Kräuter (italienisch)**	zufügen und 2 Minuten / Teigstufe verkneten. Den Teig auf einer bemehlten Arbeitsfläche zu einer dicken Rolle verarbeiten, mit einer Teigkarte ca. 3 cm breite Teigstücke „abstechen“ und diese mit der Hand zu Brötchen formen. Die Brötchen-Rohlinge auf ein mit Backpapier ausgelegtes Backblech legen und 30 Minuten gehen lassen. Den Backofen auf 200° Ober-/Unterhitze vorheizen.
1	**Ei**	mit
etw	**Öl**	und
etw	**Milch**	in einer Tasse verquirlen, die Brötchen damit bestreichen und bei 200° im vorgeheizten Backofen ca. 20-30 Minuten backen.

Anmerkung:

- Für Knoblauchfans sind diese Brötchen ein absolutes „Muss“!

Rezeptvariante:

- Bestreuen Sie die Brötchen noch nach Geschmack mit Saaten oder gekörntem Salz.

Serviervorschläge:

- Die Brötchen am besten noch warm servieren.
- Sehr lecker mit unserem „Toskana-Aufstrich". Das Rezept hierfür finden Sie ebenfalls in diesem Band. (Tipp! Zuerst den Aufstrich zubereiten und umfüllen, den Mixtopf nicht säubern und im Anschluss direkt den Brötchenteig herstellen.)

Walnuss-Brötchen

		Den Backofen auf 180° Ober-/Unterhitze vorheizen.
80 g	**Walnüsse**	in den Mixtopf geben, 3 Sekunden / Stufe 4 hacken und umfüllen.
120 g	**Milch**	in den Mixtopf geben und 1 ½ Minuten / 50° / Stufe 4 erwärmen.
250 g	**Quark (Magerstufe)**	
150 g	**Öl**	
1 TL	**Gemüsebrühe (instant)**	
½ TL	**Salz**	zugeben und alles 30 Sekunden / Stufe 2 verrühren.
200 g	**Weizenmehl (Type 405)**	
300 g	**Weizenmehl (Type 550)**	
1 Pck	**Backpulver**	sowie die gehackten Walnüsse zufügen und alles 2 Minuten / Teigstufe verkneten. Den Teig zu Brötchen formen und bei 180° im vorgeheizten Backofen ca. 25 Minuten backen.

Anmerkung:

- Wie Sie selbst Backpulver ohne „fieses Zungenkribbeln" herstellen können, haben wir im Bereich „Service" unseres Shops unter www.wunderkessel-kochbuch.de für Sie in einer entsprechenden Anleitung eingestellt.

Rezeptvariante:

- Probieren Sie die Brötchen anstelle der Walnüsse mal mit Mandeln oder Haselnüssen.

Kefir-Brötchen

300 g	**Kefir**	
1 Wü	**Hefe**	in den Mixtopf geben und 3 Minuten / 37° / Stufe 1 erwärmen.
600 g	**Weizenmehl (Type 405)**	
15 g	**Salz**	zugeben und 3 Minuten / Teigstufe kneten. Den Teig 60 Minuten im Mixtopf gehen lassen und anschließend noch einmal 1 Minute / Teigstufe kneten. Den Teig entnehmen und in 12 gleich große Stücke teilen. Brötchen formen und diese auf ein mit Backpapier ausgelegtes Backblech legen. Mit
etw	**Wasser**	besprühen, längs einschneiden und zunächst im auf 50° Ober-/Unterhitze vorgeheizten Backofen 30 Minuten gehen lassen. Anschließend die Backtemperatur auf 180° erhöhen und ca. 35 Minuten backen.

Anmerkung:

- Durch den Kefir sind die Brötchen sehr knusprig.

Dinkelbrötchen, gerollte

250 g	**Dinkel**	in den Mixtopf geben und 1 Minute / Stufe 10 mahlen.
1 EL	**Rübenkraut**	
1 EL	**Essig**	
½ Wü	**Hefe**	
1 EL	**Butter**	
2 TL	**Salz**	
200 g	**Wasser**	
200 g	**Milch**	zugeben, 10 Sekunden / Stufe 4 vermischen und anschließend 3 Minuten / 37° / Stufe 3 erhitzen.
550 g	**Weizenmehl (Type 405)**	einwiegen und 3 Minuten / Teigstufe kneten.

Auf einer leicht bemehlten Arbeitsfläche möglichst dünn (ca. ½ cm dick) zu einem Rechteck ausrollen und von der langen Seite her aufrollen.

Mit Hilfe einer Teigkarte ca. 3 cm breite Stücke „abstechen".

Mit dem Stiel eines Kochlöffels jeweils längs eine Kerbe in jeden Brötchen-Rohling drücken.

Die Teiglinge auf ein mit Backpapier ausgelegtes Backblech legen und ca. 1 Stunde abgedeckt gehen lassen.

In der Zwischenzeit den Backofen auf 220° Ober-/Unterhitze vorheizen.

Die Brötchen mit Wasser besprühen und in den vorgeheizten Backofen schieben. Die Backtemperatur direkt auf 180° reduzieren und die Brötchen ca. 20 Minuten goldbraun backen.

Anmerkung:

- Fotos zur Teigverarbeitung finden Sie im Bereich „Service“ unseres Shops unter www.wunderkessel-kochbuch.de.

Möhrenaufstrich

1	**Zwiebel**	in den Mixtopf geben, 3 Sekunden / Stufe 5 zerkleinern und mit dem Spatel nach unten schieben.
15 g	**Öl**	zuwiegen und 2 ½ Minuten / Dampfgarstufe / Stufe 1 andünsten.
250 g	**Möhren (in Stücken)**	
120 g	**Tomatenmark**	
90 g	**Butter (in Stücken)**	
1 TL	**Oregano**	
etw	**Salz**	
etw	**Pfeffer**	zugeben, 5 Sekunden / Stufe 5 verrühren, dann 5 Minuten / 100° / Stufe 1 garen und anschließend noch 20 Sekunden / Stufe 6 pürieren. Abkühlen lassen und genießen.

Anmerkung:

- Mal eine interessante Alternative zur Kräuterbutter auf dem Buffet.

Lachsschinkencrème

200 g	**Sahne**	in den Mixtopf geben, ca. 20 Sekunden / Stufe 10 steif schlagen und umfüllen.
100 g	**Lachsschinken (in Stücken)**	
100 g	**Kochschinken (in Stücken)**	in den Mixtopf geben und 10 Sekunden / Stufe 4 zerkleinern.
200 g	**Frischkäse (natur)**	
etw	**Salz**	
etw	**Pfeffer**	zufügen und 5 Sekunden / Stufe 3 verrühren. Die Sahne wieder zugeben und 10 Sekunden / Rückwärtsgang / Stufe 3 unterrühren.

Anmerkung:

- Genießen Sie diese schmackhafte Crème auf frischem Baguette oder Weißbrot. Leckere Rezepte finden Sie in unseren Bänden 2 und 4.

Kichererbsen-Aufstrich

1	**Knoblauchzehe**	
1	**Zwiebel**	in den Mixtopf geben, 5 Sekunden / Stufe 5 zerkleinern und mit dem Spatel nach unten schieben.
20 g	**Olivenöl**	
1 Pr	**Chilipulver**	zugeben und 2 ½ Minuten / Dampfgarstufe / Stufe 1 andünsten.
1 Do	**Kichererbsen (800 g)**	
etw	**Gemüsebrühe (instant)**	
etw	**Pfeffer**	
etw	**Salz**	zufügen und weitere 2 Minuten / 100° / Stufe 2 weiterdünsten. Anschließend 10 Sekunden / Stufe 5 pürieren, umfüllen, abkühlen und im Kühlschrank ziehen lassen.

Räucherlachs-Crème

200 g	**Frischkäse (natur)**	
80 g	**Saure Sahne**	
150 g	**Räucherlachs (in Stücken)**	
etw	**Dill (nach Geschmack)**	
1 Spr	**Zitronensaft**	
etw	**Zucker**	
etw	**Pfeffer**	in den Mixtopf geben, 15 Sekunden / Stufe 4 vermischen, umfüllen und ca. 2 Stunden im Kühlschrank ziehen lassen.

Anmerkung:

- Der Aufstrich bleibt im Kühlschrank ca. 3-4 Tage frisch.

Mettwurst – light

150 g	**Lachsschinken (in Stücken)**	
150 g	**Puten- oder Hähnchenbrust-Aufschnitt**	
2	**Zwiebeln (geviertelt)**	
etw	**Paprikapulver (edelsüß)**	
etw	**Pfeffer**	
etw	**Salz**	in den Mixtopf geben und 40 Sekunden / Stufe 10 vermischen.
50 g	**Margarine (fettarm)**	zufügen und weitere 20 Sekunden / Stufe 5 verrühren.

Anmerkung:

- Diese leichte Mettwurst-Variante können Sie ohne Reue genießen.

Servierschlag:

- Klassisch auf Brötchen oder Baguette mit Zwiebeln garniert.

Toskana-Aufstrich

2-3	**Knoblauchzehen**.	in den Mixtopf geben und 5 Sekunden / Stufe 5 zerkleinern.
100-150 g	**Tomaten (eingelegt, gut abgetropft)**	
200 g	**Frischkäse (Kräuter)**	
200 g	**Saure Sahne**	
½ EL	**Gemüsebrühe (instant)**	
etw	**Salz**	
etw	**Pfeffer**	
evtl. 1 Pr	**Chilipulver**	
1 EL	**Kräuter (nach Geschmack)**........	zufügen und 15 Sekunden / Stufe 5 unterrühren.

Anmerkungen:

- Dieser Aufstrich sollte auf keinem Buffet fehlen.
- Er passt ideal z. B. zu unseren Knoblauchbrötchen aus diesem Band. (Tipp! Zuerst den Aufstrich zubereiten und direkt im Anschluss – ohne den Mixtopf zu säubern – den Brötchenteig zubereiten.)

Rezeptvarianten:

- Anstelle der eingelegten Tomaten schmeckt der Aufstrich auch sehr lecker mit eingelegten Paprika.
- Wenn Sie Frischkäse (natur) verwenden möchten, sollten Sie auf jeden Fall noch nachwürzen.
- Als Kräuter verwenden wir gerne die „Pizza-Kräutermischung mit Chili“ von MADAVANILLA (www.madavanilla.de).

Schnittlauchdipp

1	**Knoblauchzehe**	
1	**Zwiebel**	in den Mixtopf geben und 5 Sekunden / Stufe 5 zerkleinern.
100 g	**Milch**	
20 g	**Öl**	
1 Sch	**Weißweinessig**	
1 TL	**Salz**	
etw	**Pfeffer**	
etw	**Sojasauce (dunkel)**	
2	**Kartoffeln (ca. 150 g, gekocht, geviertelt)**	zufügen und 10 Sekunden / Stufe 5 vermengen. Die Masse mit dem Spatel vom Mixtopfrand lösen und nach unten schieben.
2	**Eier (gekocht, in Würfeln)**	
1 Bd	**Schnittlauch (in Röllchen)**	zugeben und 5 Sekunden / Stufe 4 unterrühren.

Anmerkung:

- Eine leckere Resteverwertung von übrig gebliebenen Kartoffeln und/oder Eiern.

Erdbeer-Balsamico-Crème

100 g	**Erdbeeren**	in den Mixtopf geben und 8 Sekunden / Stufe 6 pürieren.
250 g	**Balsamico-Essig (rot)**	
10 g	**Rohrohrzucker**	
1 Pr	**Salz**	
2 TL	**Speisestärke**	zugeben, 5 Sekunden / Stufe 5 vermischen und anschließend 4 ½ Minuten / Dampfgarstufe / Stufe 3 (ohne Messbecher) aufkochen.

Anmerkungen:

- Diese leckere Crème schmeckt sehr gut zu grünem Salat, Tomaten-Mozzarella oder auch Feigen.
- Ideal zum Verzieren von Tellern.
- Die Crème sollte im Kühlschrank aufbewahrt werden und ist dort ca. ½ Jahr haltbar.
- In einer schönen Glasflasche ein wunderbares Mitbringsel.

Rezeptvarianten:

- Statt Erdbeeren können Sie einfach Erdbeermarmelade verwenden. Dann allerdings den Zucker weglassen.
- Rohrohrzucker durch herkömmlichen Zucker oder Gelierzucker austauschen.
- Zum Binden eignet sich anstelle der Speisestärke auch Johannisbrotkernmehl.
- Für eine helle Crème: Statt Erdbeeren die gleiche Menge Honigmelone verwenden und hellen Essig verwenden.

Salatsauce, Sylter

Fermentationsfond (2 Tage vorher)

60 g	**Zwiebeln (halbiert)**	in den Mixtopf geben, 5 Sekunden / Stufe 5 zerkleinern und umfüllen.
125 g	**Wasser**	
12 g	**Salz**	
15 g	**Essigessenz**	
60 g	**Zucker**	einwiegen und 1 Minute / Stufe 10 verrühren.
3	**Pfefferkörner (weiß)**	sowie die Zwiebeln hinzugeben und 5 Sekunden / Stufe 5 unterrühren. Den Fermentationsfond in ein Gefäß umfüllen und für 2 Tage in den Kühlschrank stellen.

Fertigstellung

250 g	**Wasser**	
1 ½ Pck	**Tortenguss (klar)**	in den Mixtopf geben, 5 Minuten / 100° / Stufe 2 aufkochen und im Mixtopf kalt werden lassen. Anschließend
1	**Ei**	
250 g	**Rapsöl**	sowie den Fermentationsfond zufügen und 1 Minute / Stufe 10 aufschlagen.

Anmerkungen:

- Die Salatsauce ist – so wie es sich gehört – herrlich weiß und unsagbar „luftig“. Unsere Testesser waren einstimmig der Meinung, dass sich jede Sylter Salatsauce aus dem Kühlregal hinter dieser Sauce verstecken kann. Probieren Sie sie aus – es lohnt sich!

- Wie Sie selbst Tortenguss „ohne Tüte" herstellen, können Sie in unserem Band 5 nachlesen.

Rezeptvarianten:

- Anstelle der Essigessenz 75 g Weinessig verwenden, dann allerdings auch nur 65 g Wasser zugeben.
- Wenn Sie diese Sauce auch so lieben wie wir, dann stellen Sie am besten direkt die 4-fache Menge Fermentationsfond her:

250 g	**Zwiebeln (geviertelt)**	in den Mixtopf geben, 5 Sekunden / Stufe 5 zerkleinern und umfüllen.
500 g	**Wasser**	
50 g	**Salz**	
60 g	**Essigessenz**	
250 g	**Zucker**	zugeben und 1 Minute / Stufe 10 verrühren.
10	**Pfefferkörner (weiß)**	sowie die Zwiebeln hinzugeben und 5 Sekunden / Stufe 5 unterrühren.

Von diesem Ansatz benötigen Sie jeweils 250 g zur Zubereitung von 1 Portion der Salatsauce. Der restliche Fermentationsfond ist im Kühlschrank „ewig" haltbar.

Auberginencrème

1	**Aubergine (halbiert)**	mit der Schnittfläche nach unten auf ein mit Backpapier ausgelegtes Backblech legen und ca. 30 Minuten im vorgeheizten Backofen bei 200° Ober-/Unterhitze backen. Anschließend auskühlen lassen und häuten.
2	**Knoblauchzehen**	in den Mixtopf geben und 5 Sekunden / Stufe 5 zerkleinern.
150 g	**Schafskäse (in Stücken)**	
200 g	**Schmand**	
etw	**Salz**	
etw	**Pfeffer**	sowie das Auberginen-Fruchtfleisch (in Stücken) zugeben und 5 Sekunden / Stufe 4 verrühren.

Rezeptvarianten:

- Tauschen Sie Schmand durch die gleiche Menge Crème fraîche.
- Sehr lecker ist diese Crème auch, wenn Sie kleine Tomatenstücke unterrühren.

Vitello-Tonnato

1 Do	**Thunfisch (in eigenem Saft, abgetropft)**	
20 g	**Sardellenpaste**	
60 g	**Kapern**	
20 g	**Weißwein-Essig**	
10 g	**Zitronensaft**	
125 g	**Crème fraîche**	
10 g	**Olivenöl**	
etw	**Salz**	
etw	**Pfeffer**	in den Mixtopf geben und 10 Sekunden / Stufe 8 verrühren.

Anmerkung:

- Sardellenpaste finden Sie in der Regel im Kühlregal des gut sortierten Supermarktes.

Serviervorschlag:

- Im Ofen gegartes und abgekühltes Kalbsfleisch in dünne Scheiben schneiden und auf einem Teller zusammen mit der Sauce und ein paar Kapern anrichten.

Curry-Dipp

450 g	**Aprikosen-Marmelade**	in den Mixtopf geben und ca. 10 Sekunden / Stufe 8 pürieren, bis keine größeren Stücke mehr vorhanden sind.
500 g	**Mayonnaise (fettreduziert)**	
40 g	**Currypulver (mild)**	zufügen und alles 10 Sekunden / Stufe 7 gut verrühren.

Anmerkungen:

- Dieser Dipp sollte bei keiner Grillparty fehlen.
- Den Dipp am besten am Vortag zubereiten, damit er gut durchziehen kann.
- Die Menge kann bei geringerem Bedarf einfach halbiert werden.

Rezeptvarianten:

- Wenn Sie den Dipp lieber etwas „stückiger“ mögen, dann mixen Sie die Marmelade nur kurz auf kleinerer Stufe.
- Probieren Sie den Dipp mal mit Ananas- oder Preiselbeermarmelade.
- Wer es schärfer mag, kann etwas Chilipulver zugeben oder z. B. Thai Curry verwenden. Je nach Currysorte vorsichtig dosieren.

Toffifee-Likör

1 Pck	**Toffifee (15 Stück, gefroren)**	in den Mixtopf geben und 15 Sekunden / Stufe 10 zerkleinern.
150 g	**Zucker**	
2 TL	**Vanillezucker (selbst hergestellt)**	
6	**Eigelb**	zugeben und 4 Minuten / 70° / Stufe 3 erhitzen.
300 g	**Kondensmilch (10%ige)**	
200 g	**Sahne**	
200 g	**Wodka**	einwiegen, weitere 4 Minuten / 70° / Stufe 5 erhitzen, in eine Flasche umfüllen und kühl stellen.

Anmerkung:

- Vanillezucker können Sie einfach selbst herstellen. Ein Rezept finden Sie in unserem Band 1. Alternativ entsprechen 2 TL selbst hergestellter Vanillezucker 1 Pck Fertigprodukt.

Ouzo

120 g	**Kandis (weiß)**	in den Mixtopf geben und 10 Sekunden / Stufe 10 pulverisieren.
350 g	**Korn (38%)**	
10-15 Tr	**Anisöl**	zufügen und 10 Sekunden / Stufe 6 vermischen.
350 g	**Korn (38%)**	zugeben, weitere 30 Sekunden / Stufe 6 verrühren, umfüllen und in das Gefrierfach legen.

Anmerkungen:

- Anisöl bekommen Sie in der Apotheke. Achten Sie bitte darauf, nur „reines“ Öl zu verwenden, also kein Aromaöl, wie es z. B. für Duftlampen zu kaufen gibt. Dieses wäre nicht genießbar!
- Wie viele Tropfen Anisöl Sie zufügen hängt ganz davon ab, wie sehr Sie Anis mögen. Probieren Sie zunächst vielleicht erst 10 Tropfen.
- Bei 32%igem Korn wird der Ouzo milchig, so ähnlich wie Küstennebel, es besteht aber die Gefahr, dass die Flasche im Gefrierfach platzt. Bei 38%igem Korn kann das nicht passieren.
- Gut durchgefroren bleibt er klar mit unzähligen Glitzerstückchen drin. Er macht nicht nur optisch was her, sondern schmeckt auch noch klasse.

Amaretto-Milch

300 g	**Sojamilch (Vanille)**	
2 TL	**Malz- oder Getreidekaffee**....	in den Mixtopf geben und 3 Minuten / 70° / Stufe 4 erhitzen.
30 g	**Amaretto**	zufügen und weitere 30 Sekunden / 70° / Stufe 4 erhitzen.

Rezeptvariante:

- Bei der Verwendung von Kuhmilch etwas Vanillezucker zugeben, da Sojamilch bereits leicht vorgesüßt ist.

Erdbeer-Sahne-Likör

200 g	**Erdbeeren**	
200 g	**Zucker**	in den Mixtopf geben, 20 Sekunden / Stufe 10 pürieren und anschließend 5 Minuten / 80° / Stufe 2 erhitzen.
250 g	**Sahne**	
250 g	**Weizenkorn (32%)**	zufügen und weitere 5 Minuten / 80° / Stufe 2 unterrühren. In eine Flasche umfüllen und kühl stellen.

Rezeptvarianten:

- Sofern keine Erdbeersaison ist, können Sie das Rezept auch mit tiefgekühlten Erdbeeren zubereiten. Diese müssen dann jedoch entsprechend länger erhitzt werden.
- Sehr lecker ist auch die Variante mit Joghurt anstelle der Sahne.

Bananen-Schoko-Milch

3	**Bananen (in Stücken)**	
100 g	**Milch**	in den Mixtopf geben und 45 Sekunden / Stufe 5 mixen.
15 g	**Kakao (instant)**	
400 g	**Milch**	durch die Deckelöffnung einwiegen und alles 1 Minute / Stufe 7 aufschäumen.

Anmerkung:

- Die ideale Verwertung von „Tigerbananen".

Serviervorschlag:

- Pur oder mit einer Kugel Vanilleeis servieren.

Zimtschnecken

Teig

80 g	**Butter**	
250 g	**Milch**	
1 Wü	**Hefe**	
80 g	**Zucker**	
1 TL	**Salz**	
1 TL	**Kardamom**	in den Mixtopf geben und 2 Minuten / 37° / Stufe 2 erwärmen.
550 g	**Weizenmehl (Type 405)**	zugeben und 3 Minuten / Teigstufe kneten. Den Teig umfüllen und abgedeckt ca. 30 Minuten ruhen lassen.

Füllung

40 g	**Butter**	in einem Topf oder der Mikrowelle schmelzen.
50 g	**Zucker**	
1 Pr	**Kardamom**	
1 EL	**Zimt (gemahlen)**	in einer Tasse miteinander verrühren.

Fertigstellung

Den Teig zu einem Rechteck von ca. 60x40 cm ausrollen und mit der flüssigen Butter bestreichen.
Den Gewürzzucker gleichmäßig darüber streuen und den Teig anschließend von der langen Seite her aufrollen.
Mit einem scharfen Messer ungefähr fingerdicke Scheiben abschneiden.

		Diese auf ein mit Backpapier ausgelegtes Backblech legen und mit der flachen Hand ein wenig platt drücken.
1	**Ei**	verquirlen und die Schnecken damit bestreichen. Zunächst 10 Minuten im auf 50° Umluft vorgeheizten Backofen gehen lassen. Dann die Backtemperatur auf 200° hoch schalten und weitere 15 Minuten fertig backen.

Anmerkung:

- Noch warm serviert schmecken die Schnecken besonders gut, aber auch kalt sind sie ein Genuss!

Frischkäse-Erdbeer-Torte, schnelle

Boden

150 g	**Löffelbiskuit (ungezuckert)**	in den Mixtopf geben, kurz auf Stufe 10 zerkleinern und umfüllen.
125 g	**Butter**	in den Mixtopf wiegen und 4 Minuten / 70° / Stufe 1 schmelzen. Die Biskuitbrösel wieder zugeben, alles 1 Minute / Teigstufe gut miteinander vermischen, in eine mit Backpapier ausgelegte 26er Springform geben und mit einem Löffelrücken glatt drücken.

Belag

330 g	**Erdbeeren**	gleichmäßig auf dem Boden verteilen und kalt stellen.

Füllung

Den Rühraufsatz einsetzen!

600 g	**Frischkäse (natur)**	
300 g	**Joghurt (natur)**	
3 EL	**Zitronensaft**	in den Mixtopf geben und 2 Minuten / Stufe 3 vermischen.
1 Beutel	**Sofort-Gelatine (weiß, kalt löslich)**	
1 EL	**Wasser**	zufügen, zunächst 2 Minuten / Stufe 1, dann nochmals 1 Minute / Stufe 3 verrühren.
75 g	**Zucker**	einwiegen, alles 1 Minute / Stufe 3 gut vermengen und über die Erdbeeren geben.

Fertigstellung

		Den Rühraufsatz entfernen!
		Den Mixtopf säubern.
170 g	**Erdbeeren**	in den Mixtopf geben, kurz auf Stufe 10 pürieren und über die Füllung geben. Mit einem Löffel leichte Spuren ziehen (marmorieren). Den Kuchen für 3 Stunden kalt stellen.

Anmerkungen:

- Es werden insgesamt ca. 500 g Erdbeeren benötigt – 2/3 davon für den Belag und 1/3 für den Guss.
- Wieder ein genialer Kuchen, den man ruck-zuck – ohne Backen – herstellen kann.
- Fruchtig lecker – ideal für Ihr sommerliches Kuchenbuffet.

Rezeptvarianten:

- Anstelle der Sofortgelatine können Sie auch Agar-Agar verwenden. Diese dann bitte nach Packungsangabe herstellen und wie o. a. verwenden.
- Für eine 28er Springform die Löffelbiskuitmenge auf 200 g und die Buttermenge auf 170 g erhöhen.
- Lecker schmeckt der Kuchen auch mit Pfirsichen. Probieren Sie es einfach mal aus!

Schokotorte, leckere

Boden

		Den Backofen auf 180° Ober-/Unterhitze vorheizen.
225 g	**Butter**	in den Mixtopf wiegen, 4 Minuten / 70° / Stufe 1 schmelzen, den Deckel abnehmen und die Butter zunächst etwas abkühlen lassen. Anschließend
300 g	**Weizenmehl (Type 405)**	
3 TL	**Backpulver**	
45 g	**Kakao (instant)**	
250 g	**Zucker**	
1 TL	**Vanillezucker (selbst hergestellt)**	
6	**Eier**	
190 g	**Buttermilch**	zugeben und 30 Sekunden / Stufe 4 vermischen. Den Teig in eine gefettete oder mit Backpapier ausgelegte 26er Springform geben und glatt streichen. Bei 180° im vorgeheizten Backofen ca. 50 Minuten backen (Stäbchenprobe machen!). Damit der Boden nicht zusammenfällt, diesen nach Ablauf der Backzeit zunächst noch im Ofen lassen und lediglich die Ofentür einen Spalt öffnen, damit die Hitze entweichen kann. Den Boden gut auskühlen lassen und 2-mal horizontal durchschneiden.

Füllung

		Den Mixtopf gründlich säubern und trocknen.
100 g	**Zucker**	in den Mixtopf geben und 20 Sekunden / Stufe 10 pulverisieren.
300 g	**Kuvertüre (halbbitter, in Stücken)**	
150 g	**Butter**	
300 g	**Sahne**	einwiegen und 5 Sekunden / Stufe 5 vermischen. Mit dem Spatel die Masse vom Mixtopfrand zum Boden hin schieben, den Mixtopf wieder verschließen, alles 10 Minuten / 50° / Stufe 2 schmelzen, umfüllen und 45 Minuten im Kühlschrank abkühlen und fest werden lassen.

Fertigstellung

Den 1. Boden auf einen Kuchenteller legen und die Springform darum spannen.

1/3 der Füllung gleichmäßig darauf verteilen.

Den 2. Boden darüber legen und mit dem 2. Drittel der Füllung bestreichen.

Nun den letzten Boden auflegen und von der verbliebenen Füllung die Hälfte auf den Boden streichen, die Springform lösen und die restliche Füllung rund um die Torte streichen.

Die fertige Torte in den Kühlschrank geben.

Anmerkungen:

- Die Torte ist fix hergestellt, saftig, lecker und schmeckt auch noch am nächsten Tag luftig locker. Zudem macht sie auf einer Feier richtig was her!
- Die Schokofüllung wird, nachdem sie richtig durchgekühlt ist, schnittfest.
- Wie Sie selbst Backpulver ohne „fieses Zungenkribbeln“ herstellen können, haben wir im Bereich „Service“ unseres Shops unter www.wunderkessel-kochbuch.de für Sie in einer entsprechenden Anleitung eingestellt.
- Vanillezucker können Sie einfach selbst herstellen. Ein Rezept finden Sie in unserem Band 1. Alternativ entsprechen 2 TL selbst hergestellter Vanillezucker 1 Pck Fertigprodukt.

Rezeptvarianten:

- Wenn Sie lieber einen dickeren Tortenboden mögen, dann schneiden Sie diesen nach dem Backen nur in 2 Teile. Die Torte hat dann natürlich auch nur 2 Schichten Füllung.
- Wenn keine Kinder mitessen, können Sie den Boden auch mit etwas Rum oder Weinbrand tränken, bevor Sie die Füllung auftragen.
- Auch für Kinder geeignet: Die Böden jeweils mit Marmelade bestreichen. Die Torte wird dadurch fruchtig.
- Anstelle der Kuvertüre können Sie auch 3 Tafeln Zartbitterschokolade nehmen. Diese sollte jedoch einen hohen Kakaoanteil haben, wie z. B. Schwarze Herren Schokolade von Sarotti. Die Sahnemenge dann aber auf 200 g reduzieren.

Serviervorschlag:

- Nach Lust und Laune z. B. mit Schokoherzen, Sahnetupfern o. ä. dekorieren.

Windbeutel-Torte mit Kirschbelag

Boden

Den Backofen auf 180° Umluft vorheizen.

3 **Eier**
100 g **Zucker**
100 g **Margarine**
120 g **Weizenmehl (Type 405)**
½ Pck **Backpulver** .... in den Mixtopf geben, 30 Sekunden / Stufe 3 und anschließend 1 Minute / Stufe 5 verrühren.

Den Teig in eine mit Backpapier ausgelegte 28er Springform füllen und bei 180° im vorgeheizten Backofen ca. 25 Minuten backen.
Den fertigen Boden zum Abkühlen auf ein Gitter stürzen.
Den Mixtopf säubern.

Füllung

500 g **Sahne**
3 Pck **Sahnesteif**
100 g **Gelierzucker (2:1)** .... in den Mixtopf geben und 40 Sekunden / Stufe 10 steif schlagen.
400 g **Schmand** .... zufügen und 20 Sekunden / Stufe 4 unterrühren.

Fertigstellung

Den Boden auf einen Kuchenteller legen, die Springform darum spannen und 1/3 der Füllung auf dem Boden verteilen.

2 Pck	**Mini-Windbeutel (ca. 40 Stück tiefgekühlt)**	gleichmäßig darauf verteilen, mit der restlichen Füllung bedecken und glatt streichen.
1 ½ GL	**Schatten-morellen**	abtropfen lassen (den Kirschsaft dabei auffangen!) und gleichmäßig über die Füllung geben. Den Mixtopf säubern.
500 g	**Kirschsaft**	
2 Pck	**Tortenguss (rot)**	in den Mixtopf geben, 5 Sekunden / Stufe 4 verrühren und anschließend 8 Minuten / 100° / Stufe 3 kochen. Den Guss etwas abkühlen lassen und gleichmäßig über die Kirschen geben. Die fertige Torte für einige Stunden im Kühlschrank fest werden lassen.

Anmerkungen:

- Die Torte wird sehr hoch, daher Vorsicht beim Auftragen des Tortengusses, dass nichts überläuft.
- Durch die Mini-Windbeutel sieht die Torte beim Aufschneiden sehr interessant aus.
- Wie Sie selbst Backpulver ohne „fieses Zungenkribbeln“ herstellen können, haben wir im Bereich „Service“ unseres Shops unter www.wunderkessel-kochbuch.de für Sie in einer entsprechenden Anleitung eingestellt.
- Tipps zum blitzschnellen, gelingsicheren Sahne-Schlagen ohne Rühraufsatz finden Sie im Bereich „Service“ unseres Shops unter www.wunderkessel-kochbuch.de.
- Wie Sie selbst Tortenguss „ohne Tüte“ herstellen, können Sie in unserem Band 5 nachlesen.

Rezeptvariante:

- Nicht ganz so hoch wird die Torte in der Variante als Blechkuchen.

Amarettini-Schnitten mit Mandarinen

Biskuitboden

		Den Backofen auf 200° Ober-/Unterhitze vorheizen.
4	**Eier**	
2 TL	**Vanillezucker (selbst hergestellt)**	
175 g	**Zucker**	in den Mixtopf geben und 3 Minuten / Stufe 4 verrühren.
200 g	**Weizenmehl (Type 405)**	
2 TL	**Backpulver**	
50 g	**Mineralwasser**	zugeben und 10 Sekunden / Stufe 5 vermengen. Den Teig in eine mit Backpapier ausgelegte 28er Springform streichen.
100 g	**Amarettini**	darauf verteilen und leicht in den Teig drücken. Bei 200° im vorgeheizten Backofen ca. 12 Minuten goldbraun backen. Den Biskuitboden auskühlen lassen, vorsichtig aus der Form lösen und horizontal durchschneiden. Den Mixtopf reinigen.

Crème

		Den Rühraufsatz einsetzen!
400 g	**Sahne (gut gekühlt)**	
3 EL	**Puderzucker**	in den Mixtopf geben und bei Sichtkontakt auf Stufe 4 steif schlagen.
200 g	**Schmand**	zufügen und 15 Sekunden / Stufe 4 unterheben.

Fertigstellung

		Die eine Hälfte des Biskuits auf einen Kuchenteller legen, die Springform darum spannen und mit der Crème bestreichen.
1 Do	**Mandarinen (abgetropft)**........	darüber verteilen und leicht in die Crème drücken. Nun die andere Biskuithälfte vorsichtig auflegen und kühl stellen.

Anmerkungen:

- Dieser Kuchen ist ganz schnell zubereitet und schmeckt hervorragend frisch.
- Vanillezucker können Sie einfach selbst herstellen. Ein Rezept finden Sie in unserem Band 1. Alternativ entsprechen 2 TL selbst hergestellter Vanillezucker 1 Pck Fertigprodukt.
- Wie Sie selbst Backpulver ohne „fieses Zungenkribbeln" herstellen können, haben wir im Bereich „Service" unseres Shops unter www.wunderkessel-kochbuch.de für Sie in einer entsprechenden Anleitung eingestellt.
- Fertig gebackene Biskuitböden kann man übrigens auch prima einfrieren. Bei Bedarf einfach auftauen und mit frisch zubereiteter Crème und Früchten belegen.

Rezeptvarianten:

- Anstelle der Mandarinen eignen sich auch Sauerkirschen oder Tortenpfirsiche.
- Zaubern Sie aus diesem Rezept einen Blechkuchen. Den Biskuitboden in Blechgröße backen, Crème darüber streichen, mit Früchten belegen und genießen.

Serviervorschlag:

- Mit Kakaopulver bestäuben.

Nuss-Marzipan-Zopf

Teig

250 g	**Milch**	
100 g	**Butter (Zimmertemperatur, in Stücken)**	
100 g	**Zucker**	
1 Wü	**Hefe**	in den Mixtopf geben und 5 Minuten / 37° / Stufe 1 erwärmen.
650 g	**Weizenmehl (Type 405)**	
1	**Ei**	
½ TL	**Salz**	zugeben, 3 Minute / Teigstufe kneten, umfüllen und 30 Minuten gehen lassen.

Füllung

		Den Mixtopf reinigen und trocknen.
200 g	**Haselnüsse**	
200 g	**Blockschokolade (in Stücken)**	in den Mixtopf geben und 15 Sekunden / Stufe 8 zerkleinern.
2	**Äpfel (geschält, entkernt, geachtelt)**	
50 g	**Zucker**	
100 g	**Marzipanrohmasse (in Stücken)**	zufügen und 10 Sekunden / Stufe 8 mit Hilfe des Spatels verrühren.

Fertigstellung

Den Teig zu einem dünnen Rechteck von ca. 50x70 cm ausrollen.

Die Füllung gleichmäßig auf dem Teig verteilen und von der langen Seite her vorsichtig aufrollen.

Die Rolle der Länge nach durchschneiden und die beiden so entstandenen Stränge mit der offenen Schnittfläche nach oben wie ein X mittig übereinander legen und von der Mitte aus zu beiden Seiten hin verschlingen.

Auf einem mit Backpapier ausgelegten Backblech zu einem Kranz zusammenlegen.

		Mit
etw	**Milch**	bestreichen und 20 Minuten gehen lassen.

Bei 200° Ober-/Unterhitze im vorgeheizten Backofen zunächst 10 Minuten backen, dann die Backtemperatur auf 175° reduzieren und weitere 30 Minuten fertig backen.

Anmerkung:

- Dieser Zopf ist wunderbar saftig und bleibt mehrere Tage frisch.

Rezeptvarianten:

- Wer mag, kann anstelle des Marzipans auch Rosinen in die Füllung geben.
- Mit Kondensmilch statt Milch bestreichen.

Bienenstich als Biskuitboden

Biskuitboden

		Den Backofen auf 175° Ober-/Unterhitze vorheizen.
50 g	**Mandeln**	in den Mixtopf geben und 10 Sekunden / Stufe 10 mahlen. ***Den Rühraufsatz einsetzen!***
4	**Eier**	
150 g	**Zucker**	
2 TL	**Vanillezucker (selbst hergestellt)**	
125 g	**Weizenmehl (Type 405)**	
2 gestr TL	**Backpulver**	zufügen und 50 Sekunden / Stufe 4 verrühren. Den Teig in eine mit Backpapier ausgelegte 26er Springform füllen.
100 g	**Mandeln (gehobelt)**	darauf verteilen und mit
15 g	**Zucker**	bestreuen. Bei 175° im vorgeheizten Backofen ca. 30 Minuten backen.
30 g	**Butter (zerlassen)**	über den noch heißen Boden geben. Den Boden abkühlen lassen und waagerecht in 2 Böden teilen.

Füllung

400 g	**Sahne**	
1 Pck	**Paradiescrème (Vanille)**	in den Mixtopf geben und 40 Sekunden / Stufe 10 cremig rühren.

Fertigstellung

Den unteren Biskuitboden auf eine Tortenplatte legen.
Die Füllung darüber streichen und mit dem oberen Boden abdecken.

Anmerkungen:

- Vanillezucker können Sie einfach selbst herstellen. Ein Rezept finden Sie in unserem Band 1. Alternativ entsprechen 2 TL selbst hergestellter Vanillezucker 1 Pck Fertigprodukt.
- Wie Sie selbst Backpulver ohne „fieses Zungenkribbeln" herstellen können, haben wir im Bereich „Service" unseres Shops unter www.wunderkessel-kochbuch.de für Sie in einer entsprechenden Anleitung eingestellt.

Rezeptvariante:

- Für eine fruchtige Variante kochen Sie 1 Glas Sauerkirschen mit 2 EL Zucker und 1 Pck Tortenguss auf und streichen die Masse nach dem Auskühlen auf den unteren Boden. Darüber dann die Crème verteilen und mit dem 2. Boden abdecken.

Zwetschgen-Eierlikör-Kuchen

Den Backofen auf 180° Ober-/Unterhitze vorheizen.

Teig

250 g	**Zucker**	in den Mixtopf geben und 10 Sekunden / Stufe 10 zu Puderzucker verarbeiten.
250 g	**Butter (in Stücken)**	
4	**Eier**	zugeben und 1 Minute / Stufe 5 schaumig schlagen.
250 g	**Weizenmehl (Type 405)**	
½ TL	**Backpulver**	
2 TL	**Vanillezucker (selbst hergestellt)**	
1	**Bio-Zitrone (davon die abgeriebene Schale)**	
250 g	**Eierlikör**	zufügen und 40 Sekunden / Stufe 5 vermischen.

Fertigstellung

		Den Teig auf ein gefettetes oder mit Backpapier ausgelegtes, tiefes Backblech streichen und mit
500 g	**Zwetschgen (entkernt)**	mit der Schnittfläche nach oben dachziegelartig belegen.

Streusel

		Den Mixtopf säubern.
120 g	**Butter (kalt)**	
150 g	**Weizenmehl (Type 405)**	
100 g	**Zucker**	in den Mixtopf geben, ca. 1 Minute / Teigstufe zu Streuseln verarbeiten und gleichmäßig über die Zwetschgen streuen. Bei 180° im vorgeheizten Backofen ca. 50 Minuten backen.

Anmerkungen:

- Wie Sie selbst Backpulver ohne „fieses Zungenkribbeln“ herstellen können, haben wir im Bereich „Service“ unseres Shops unter www.wunderkessel-kochbuch.de für Sie in einer entsprechenden Anleitung eingestellt.
- Vanillezucker können Sie einfach selbst herstellen. Ein Rezept finden Sie in unserem Band 1. Alternativ entsprechen 2 TL selbst hergestellter Vanillezucker 1 Pck Fertigprodukt.
- Auch Eierlikör kann man leicht selbst herstellen. Das Rezept hierzu finden Sie in unserem Band 2.

Rezeptvariante:

- Verwenden Sie Zitroback anstelle der abgeriebenen Zitronenschale.

Schoko-Marzipan-Kuchen, falscher

		Den Backofen auf 175° Ober-/Unterhitze vorheizen.
250 g	**Butter**	
200 g	**Zucker**	
4	**Eier**	
4 EL	**Kakao (instant)**	
200 g	**Saure Sahne**	
250 g	**Weizenmehl (Type 405)**	
1 Pck	**Backpulver**	in den Mixtopf geben und 1 ½ Minuten / Stufe 4 verrühren. Den Teig auf ein gefettetes oder mit Backpapier ausgelegtes Backblech geben, glatt streichen und bei 175° im vorgeheizten Backofen ca. 25 Minuten backen. Den Mixtopf säubern.
125 g	**Zucker**	einwiegen, 20 Sekunden / Stufe 10 pulverisieren und umfüllen.
250 g	**Butter (in Stücken)**	in den Mixtopf geben und 3 Minuten / 60° / Stufe 2 schmelzen.
1 Fl	**Bittermandelöl**	
etw	**Rumaroma (oder 3 EL Rum)**	
200 g	**Gries (Hartweizen)**	sowie den Puderzucker zugeben, 20 Sekunden / Stufe 3 vermengen und auf dem noch lauwarmen Kuchen verteilen. Den Kuchen mit
	Schokoladenglasur (Zartbitter)	überziehen.

Anmerkungen:

- Es wird Ihnen keiner glauben, dass dieser Kuchen ohne Marzipan zubereitet wurde!
- Wie Sie selbst Backpulver ohne „fieses Zungenkribbeln“ herstellen können, haben wir im Bereich „Service“ unseres Shops unter www.wunderkessel-kochbuch.de für Sie in einer entsprechenden Anleitung eingestellt.
- Schokoladenglasur kann man einfach selbst herstellen. Ein Rezept hierzu finden Sie in unserem Band 5.

Zitronenkuchen, traumhafter

75 g	**Milch**	
60 g	**Wasser**	
15 g	**Hefe**	in den Mixtopf geben und 2 Minuten / 37° / Stufe 2 erwärmen.
400 g	**Weizenmehl (Type 405)**	
50 g	**Zucker**	
½ TL	**Salz**	
55 g	**Butter**	
1	**Vanilleschote (hiervon lediglich das Mark)**	
1 Fl	**Zitronenaroma**	
2	**Eier**	zufügen und 2 Minuten / Stufe 4 verkneten. Den Teig umfüllen und abgedeckt ca. 45 Minuten gehen lassen, bis sich das Volumen in etwa verdoppelt hat. Den Teig auf einer gut bemehlten Arbeitsfläche zu einem Rechteck von ca. 50x30 cm ausrollen. Den Mixtopf säubern.
55 g	**Butter**	in den Mixtopf geben, 2 Minuten / 50° / Stufe 2 schmelzen und den Teig damit bepinseln. Den Mixtopf säubern. In einer Schüssel
100 g	**Zucker**	
3 EL	**Zitronenschale (unbehandelt)**	
1 EL	**Orangenschale (unbehandelt)**	vermischen und gleichmäßig auf der Butter verteilen.

Nun den Teig in 5 Streifen à ca. 10x30 cm schneiden.
Die Streifen lang übereinander legen, sodass auf dem obersten Streifen der Belag zu sehen ist.
Nun mit einem scharfen Messer diesen dicken Stapel vorsichtig in 6 Stücke teilen.
Die Stücke mit der Schnittfläche nach oben nebeneinander in eine gefettete oder mit Backpapier ausgelegte Backform legen.
Mit einem Küchentuch abdecken und ca. 30 Minuten an einem warmen Ort gehen lassen.
Bei 180° Ober-/Unterhitze im vorgeheizten Backofen ca. 30 Minuten backen.
Für den Guss

100 g **Frischkäse (natur)**
35 g **Puderzucker**
15 g **Milch**
15 g **Zitronensaft** .... in den sauberen Mixtopf geben und 30 Sekunden / Stufe 6 vermischen.
Den Guss auf den noch warmen Kuchen streichen.
Den Kuchen gut abkühlen und erst dann vorsichtig aus der Kastenform gleiten lassen.

Anmerkungen:

- Dieser herrlich erfrischende Kuchen ist der absolute Hingucker! Durch die Teigschichten entsteht ein schönes Muster. Er schmeckt lauwarm und auch nach 2 Tagen noch super lecker und frisch, wenn er bis dahin nicht schon aufgegessen wurde.

- Die Anleitung klingt auf den ersten Blick vielleicht kompliziert, sie ist aber im Grunde ganz einfach. Folgen Sie den Anweisungen einfach Schritt-für-Schritt. Im Bereich „Service" unseres Shops unter www.wunderkessel-kochbuch.de haben wir für Sie einige Bilder eingestellt.

Abkürzungsverzeichnis

Bd	Bund
Be	Becher
Do	Dose(n)
EL	Esslöffel
Fl	Flasche(n)
etw	etwas
g	Gramm
geh	gehäuft(e)
gestr	gestrichen
Gl	Glas
gr	groß(e)
Hd	Handvoll
jew	jeweils
kl	klein(e)
l	Liter
MB	Messbecher (voll – 100 ml, halbvoll – 50 ml)
Msp	Messerspitze(n)
ml	Milliliter
Pck	Päckchen
Pr	Prise(n)
Sch	Schuss
Schei	Scheibe(n)
Schl	Schluck
Sp	Spritzer
St	Stange(n)
Stck	Stück(e)
Ta	Tasse(n)
TK	Tiefkühl
TL	Teelöffel
Tr	Tropfen
Tü	Tüte(n)
Tu	Tube(n)
VEG	Bei diesem Rezept handelt es sich um ein vegetarisches Rezept, bzw. beinhaltet es eine vegetarische Variante!
Wü	Würfel

Stichwortverzeichnis

X

Y

Impressum

Rezeptauswahl, Texte und Gestaltung:
Barbara Böing und Melanie Winkler-Vorbeck
E-Mail: shop@wunderkessel.de

Druck:
RHIEM Druck GmbH, Voerde

1. Auflage Juni 2011

An Gut Forensberg 42, 52134 Herzogenrath
Tel.: 01805 - 31 21 00
(0,14 €/Min. aus dem Netz der T-Com,
ggf. abweichender Mobilfunktarif))
Internet: http://www.wunderkessel.de/
E-Mail: shop@wunderkessel.de